SYMTALK®

Español en imágenes

Written & illustrated by
Maurice Hazan

Spanish

Developed by Maurice Hazan

Symtalk® is a unique approach to teaching a foreign language and uses visuals specifically designed to accelerate the language learning process. It is based on the three key elements of short and long term memory: Encoding, storage and retrieval.
Symtalk® is a vertical comprehensive curriculum (for k to 8). A book is available for each grade level. Writing begins in second grade. The Symtalk® materials allow teachers to get immediate results.
Students structure full sentences starting from the first lesson.
This is accomplished through:
1) Strings of magnetized cards placed on a board to demonstrate the vocabulary.
2) Books featuring the graphics used in class.
3) Game boards with various levels of difficulty.

The Symtalk® Method is used as a core program, exploratory curriculum, and immersion program. It is available in Spanish, French, German, Italian, Chinese, Japanese, and English.

Written and Illustrated by Maurice Hazan
Edited by Ligaya Figueras.

Grateful acknowledgement is made for use of the following materials:
Photographs: Page 135 Francisco Goya (1746-1828). La familia de Carlos IV. Museo Nacional del Prado, Madrid; 168 Diego M. Rivera, Detroit Industry, North Wall (detail), 1932-1933. Gift of Edsel B. Ford. Photograph © 2001 The Detroit Institute of Arts. All other photographs courtesy of Maurice Hazan.
Realia: Page 153 USDA and DHHS. Pages A33 & A56 courtesy of Food Lion, LLC.

ISBN 1-932770-06-2
© 2006 EMC Corporation
All Rights Reserved

The Symtalk® Series

Third edition

Printed in the U.S.A
1 2 3 4 5 6 7 8 9 10 XXX 09 08 07 06

Welcome to Symtalk Spanish *Libro 3* !

A note to students and parents:

Welcome to *Spanish Libro 3* of the Symtalk Method. Symtalk is simple and delivers astonishing results immediately.

The Symtalk Method is designed to teach students the fundamentals of the language. Substituting the text with self-explanatory symbols produces an authentic memorization of the vocabulary. The goal is for students to structure full sentences immediately and attain communicative proficiency in all four skills very early. All sentences can be interpreted in oral and written form. A space with a line below each picture allows the student to write the sentences. The Symtalk philosophy is that students should acquire oral proficiency with the language before they write; just as they do in their native language.

Symtalk Flash Cards are the core component of the Symtalk language program. The flash cards are necessary tools for introducing and practicing vocabulary and grammatical rules. The vocabulary featured in the Symtalk Method is directly related to real-life experiences. It consists of nouns, verbs, adjectives, adverbs, prepositions, conjunctions and interrogatives, providing student the tools for meaningful communication. Once most sentence possibilities are explored, more subjects, verbs and objects are added to supplement the existing vocabulary. Gradually, students acquire enough elements to engage in everyday conversations.

Because *Libro 3* is intended as a follow-up textbook to *Libro 2*, it is assumed that students already possess a familiarity with some vocabulary and symbols. While the vocabulary and grammar skills introduced in *Libro 2* are reinforced in *Libro 3,* prior use with *Libro 2* is not necessary. Use the *Index* in this textbook to locate any vocabulary from *Libro 2* that is new to students.

Libro 3 offers a more **thematic approach** to language learning. Lesson themes such as weather, family, school, travel and shopping pique student interest. Repetition, however, is still a key element of the Symtalk Method. And as students participate in theme-oriented activities, they continue to utilize previously introduced vocabulary and grammatical strutures. This book introduces the **present plural tense,** thus requiring that students master the **complete present tense** conjugation of verbs.

Dialogues and scenes, presented in the distinct, visual Symtalk style, are found throughout the book. The function of these episodes is to strengthen reading comprehension, writing skills and cognitive thinking while enhancing classroom discussions and retaining student interest.
More **authentic materials** present vocabulary, grammar and **cultural** information in context.
More **instructions for completing textbook exercises** are provided **in Spanish** to offer students additional opportunities to encounter and practice the language in context.

GREETINGS

¡Hola!

Muchas gracias.
De nada.

¡Adiós!

¿Cómo estás?
¿Qué tal?
Muy bien.

¿Cómo te llamas?
Me llamo...........

ALPHABET

a b c d e f g h i j
k l ll m n ñ o p q
r rr s t u v w x y z

COMMON CLASSROOM PHRASES & COMMANDS

SIÉNTATE.
SIÉNTENSE.

Sit down.

LEVÁNTATE.
LEVÁNTENSE.

Stand up.

TE PUEDES IR.
SE PUEDEN IR.

You are dismissed.

REPITE.
REPITAN.

Repeat.

VE A LA PIZARRA.

Go to the board.

SILENCIO.

Be quiet.

ESCUCHA.
ESCUCHEN.

Listen.

LEE.
LEAN.

Read.

MIRA.
MIREN.

Look.

Buenos días.	*Good morning.*	**Por favor.**	*Please.*
No sé.	*I don't know.*	**Gracias.**	*Thank you.*
No entiendo.	*I don't understand.*	**Saca el libro.**	*Get out your book.*
¿Qué quiere decir __?	*What does __ mean?*	**Abre el libro.**	*Open your book.*
¿Cómo se dice __?	*How do you say __?*		

Las estaciones	Los meses	Los días de la semana

la primavera

el verano

el otoño

el invierno

enero

febrero

marzo

abril

mayo

junio

julio

agosto

setiembre

octubre

noviembre

diciembre

1 lunes *Monday*

2 martes *Tuesday*

3 miércoles *Wednesday*

4 jueves *Thursday*

5 viernes *Friday*

6 sábado *Saturday*

7 domingo *Sunday*

Learn how to write the date in Spanish: *lunes 9 de febrero de 2004*

Note: months and days are not capitalized in Spanish.

EL MUNDO HISPANO

ESPAÑA

MÉXICO

CUBA

HAITI*

REPÚBLICA
DOMINICANA

BELIZE

HONDURAS

JAMAICA*

PUERTO RICO

OCÉANO ATLÁNTICO

GUATEMALA

EL SALVADOR

NICARAGUA

COSTA RICA

PANAMÁ

VENEZUELA

GUAYANA *

SURINAME*

GUAYANA FRANCESA*

COLOMBIA

OCÉANO PACÍFICO

ECUADOR

PERÚ

BRASIL*

BOLIVIA

PARAGUAY

*PORTUGAL - Portugués
*GUAYANA - Inglés
*SURINAME - Holandés
*GUAYANA FRANCESA - Francés
*BRASIL - Portugués
*HAITI - Francés
*JAMAICA - Inglés

CHILE

URUGUAY

ARGENTINA

v

Review: singular

yo

el niño

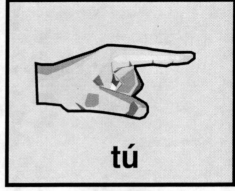

tú

José

él

la niña

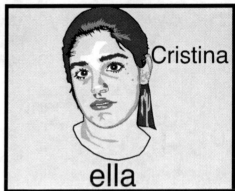

Cristina

ella

New: plural

nosotros

nosotras

usted

ustedes
vosotros / as

Miguel Ignacio

ellos

Angela José

ellos

Natalia Cristina

ellas

JUGAR

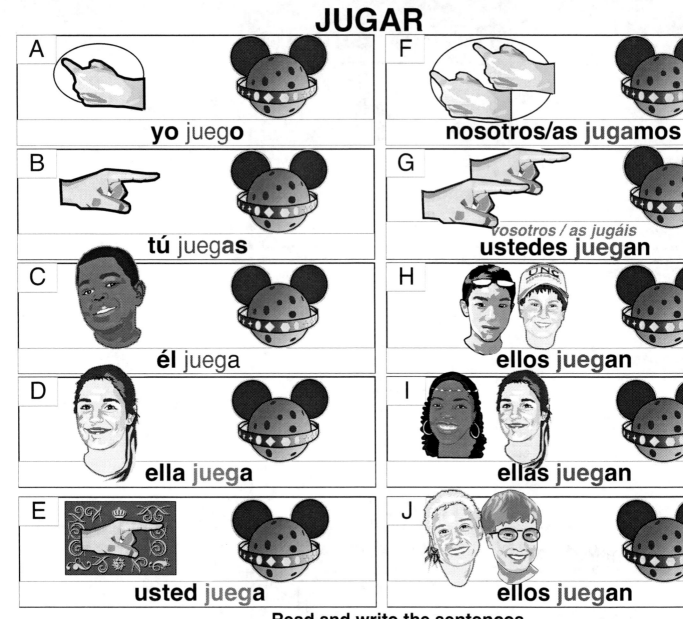

A yo **juego**

B tú jueg**as**

C **él** juega

D **ella** jueg**a**

E usted juega

F **nosotros/as** jug**amos**

G *vosotros / as jugáis*
ustedes jueg**an**

H **ellos** jueg**an**

I **ellas** jueg**an**

J **ellos** juegan

Read and write the sentences

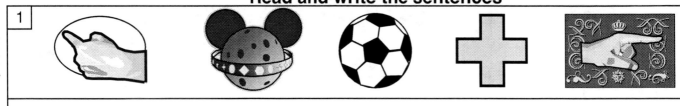

1

2

3

2

4

5

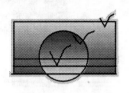   

6

7

8

 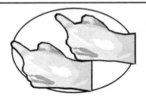  

9

10

MIRAR

K
yo miro

Ñ
nosotros/as miramos

L
tú miras

O
vosotros / as miráis
ustedes miran

LL
él mira

P
ellos miran

M
ella mira

Q
ellas miran

N
usted mira

R
ellos miran

Lee y escribe las frases.

1

2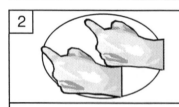

3

Lee y escribe las frases.

5

Lee y escribe las frases.

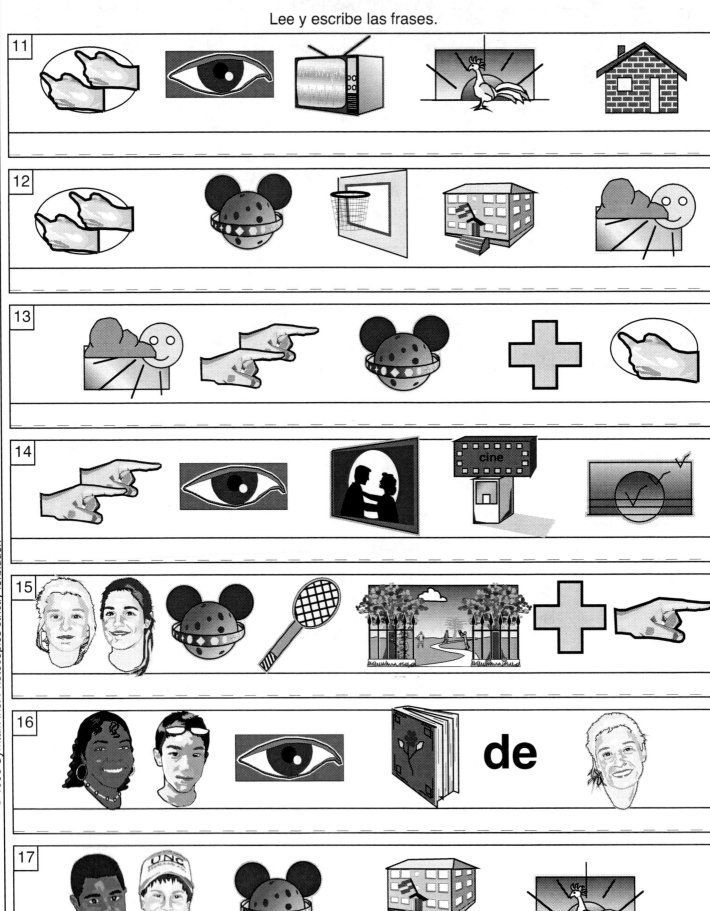

El negativo

18

19

20

21

22

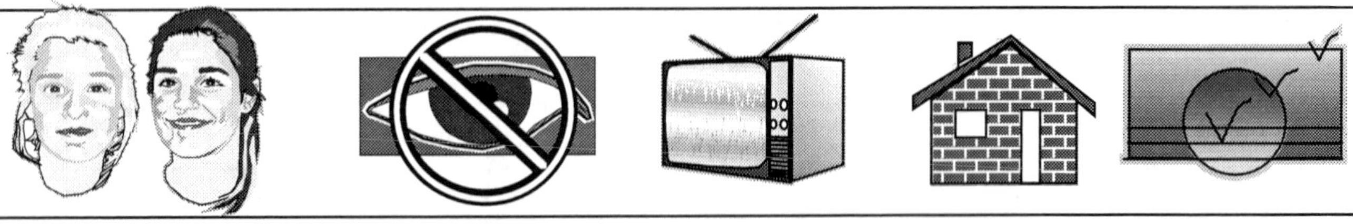

23

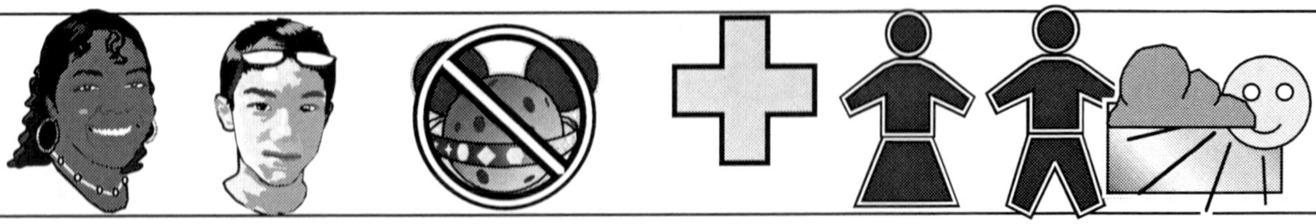

24

GUSTAR
GUSTA

a mí me gusta
a ti te gusta
a él le gusta
a ella le gusta
a usted le gusta

a nosotros/as nos gusta
a vosotros/as os gusta
a ustedes les gusta
a ellos les gusta
a ellas les gusta

1 a

2 a
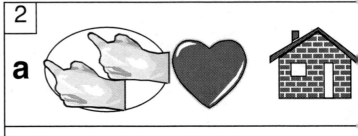

3 a

4 a
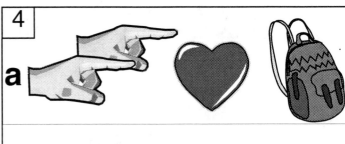

5 a

6 a

7 a

8 a

9 a

10 a

a mí me gustan
a ti te gustan
a él le gustan
a ella le gustan
a usted le gustan

a nosotros/as nos gustan
a vosotros/as os gustan
a ustedes le gustan
a ellos le gustan
a ellas le gustan

1
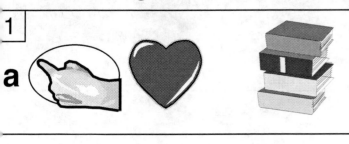

2
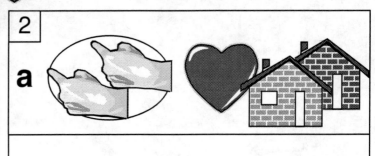

3

4

A vosotros / as os gustan

5

6
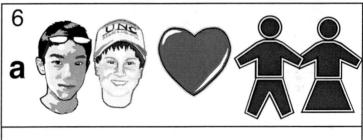

7

8

9

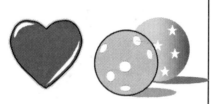

10

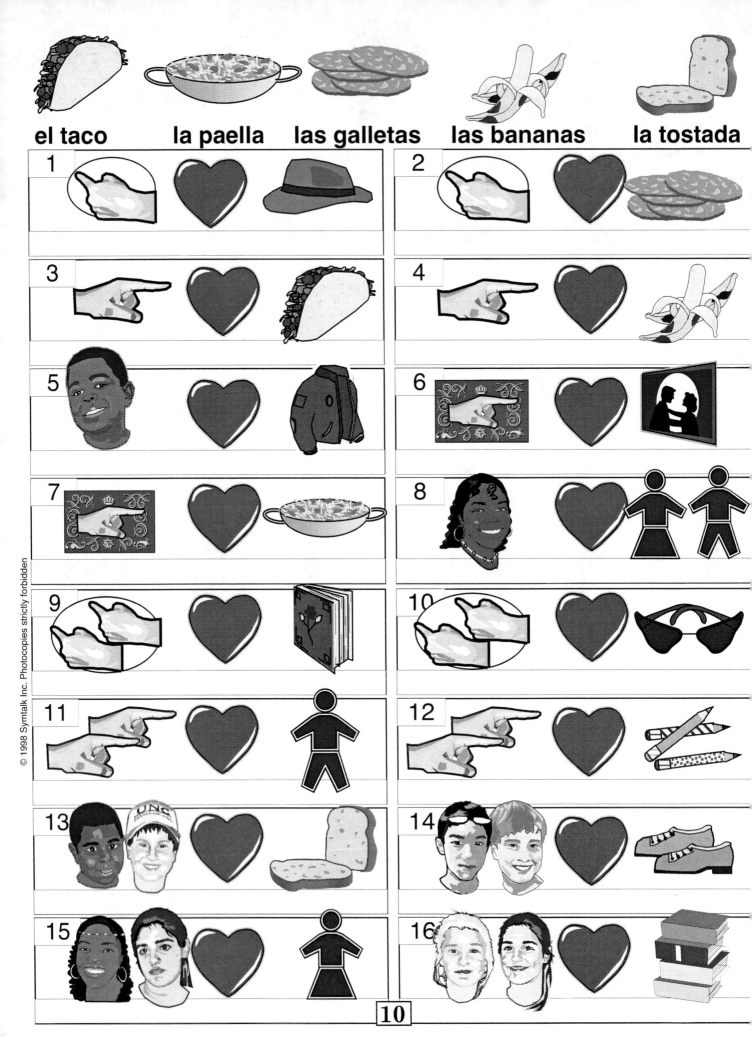

el taco   la paella   las galletas   las bananas   la tostada

10

¿Te gusta...? me gusta...

Preguntas y respuestas
Lee y contesta las preguntas usando el verbo *gustar*.

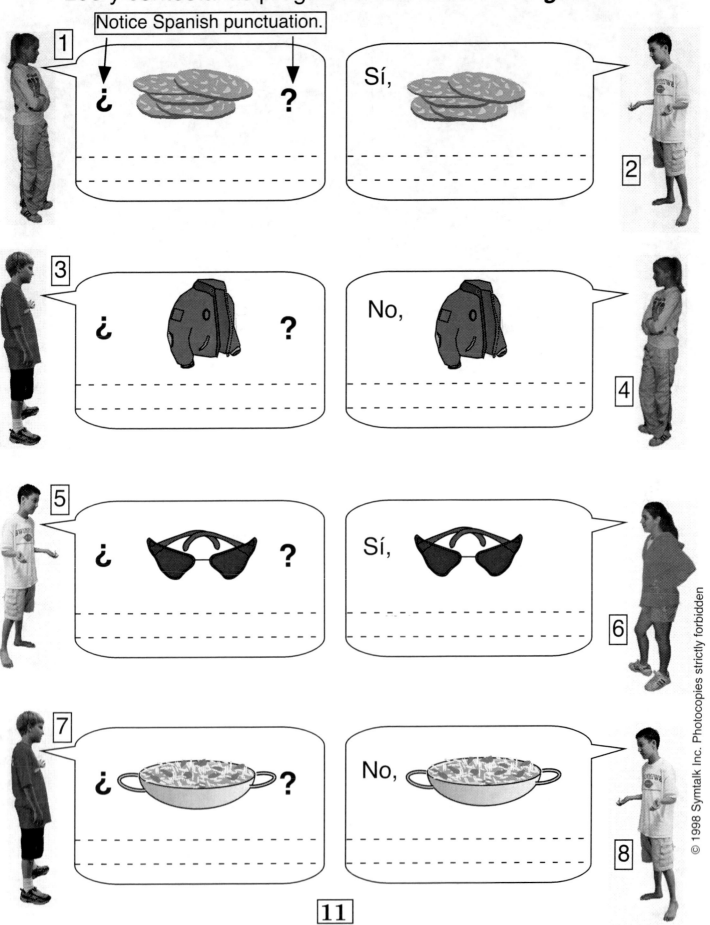

Notice Spanish punctuation.

11

Preguntas y respuestas
Lee y contesta las preguntas usando el verbo *gustar*.

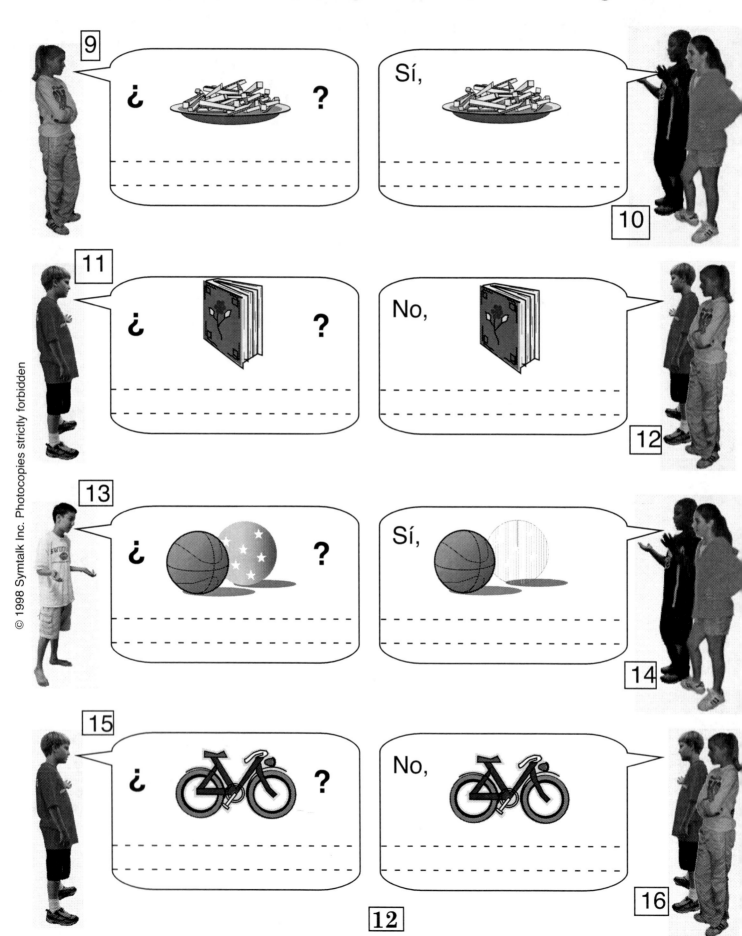

9 ¿ ?

Sí, 10

11 ¿ ?

No, 12

13 ¿ ?

Sí, 14

15 ¿ ?

No, 16

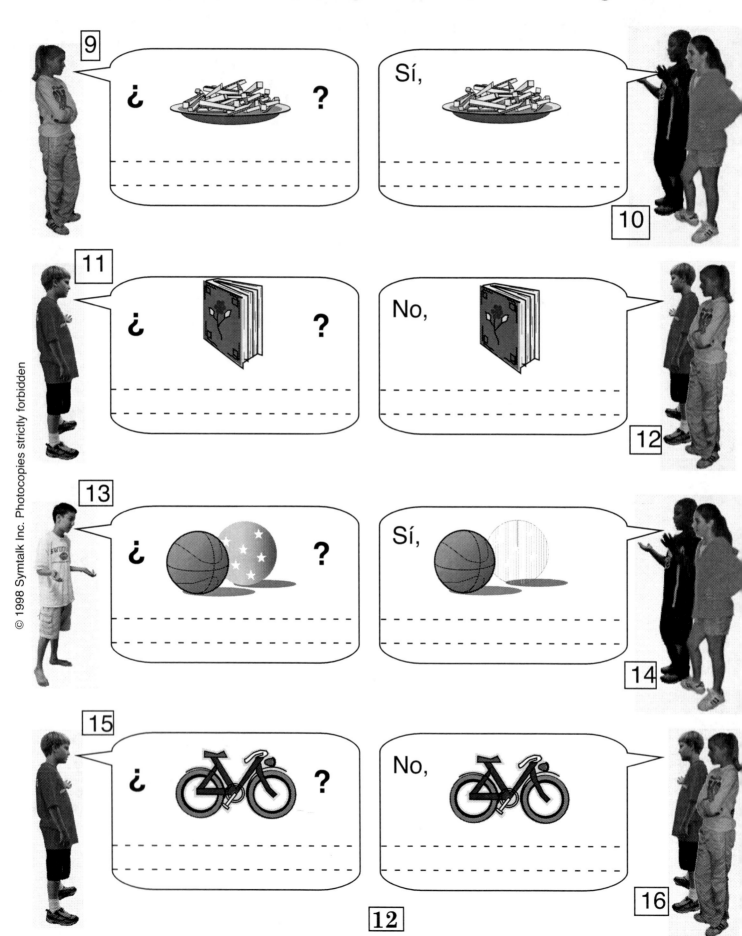

© 1998 Symtalk Inc. Photocopies strictly forbidden

12

COMER

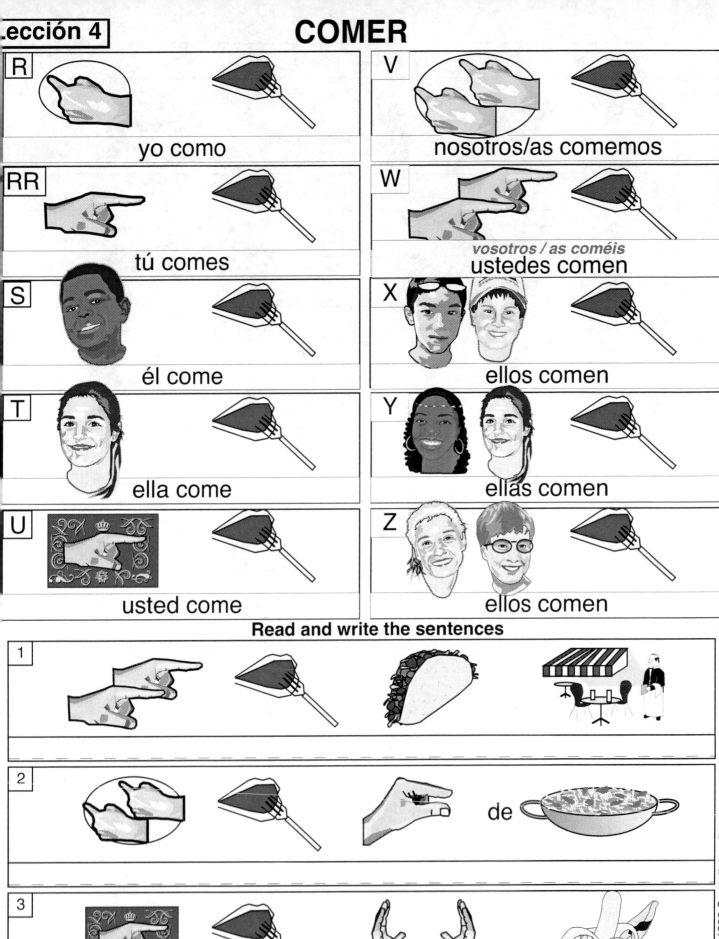

Lección 4

R	yo como	V	nosotros/as comemos
RR	tú comes	W	*vosotros / as coméis* ustedes comen
S	él come	X	ellos comen
T	ella come	Y	ellas comen
U	usted come	Z	ellos comen

Read and write the sentences

1

2   de

3

13

Lee y escribe las frases.

4

5

6

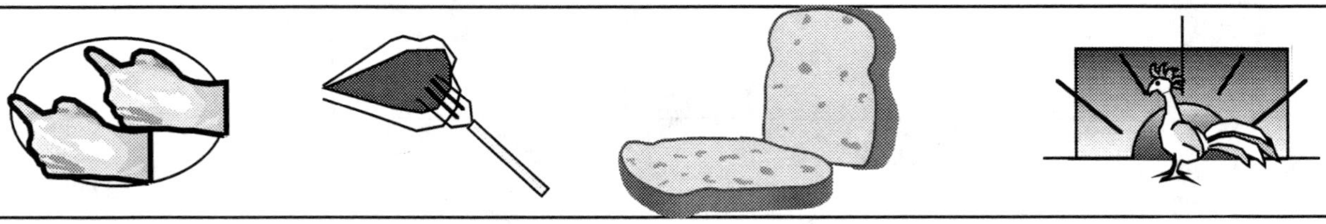

7

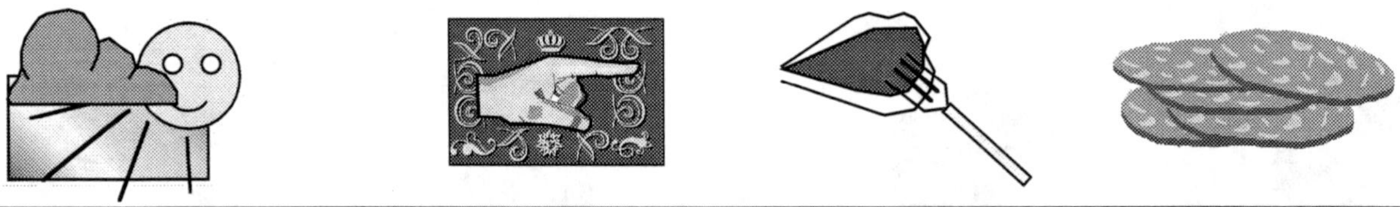

8

9

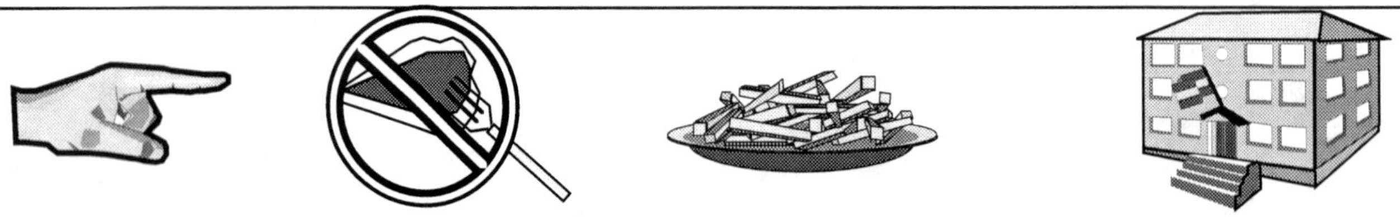

10

BEBER

A yo bebo

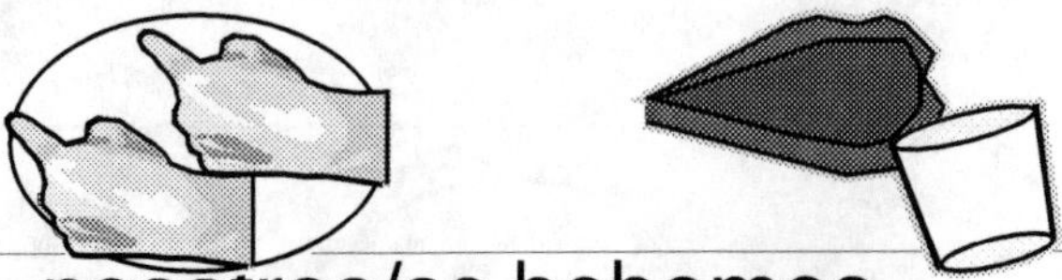

B tú bebes

C él bebe

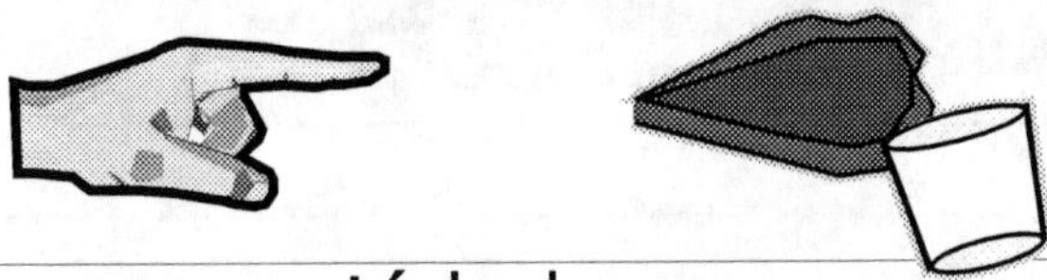

D ella bebe

E usted bebe

F nosotros/as bebemos

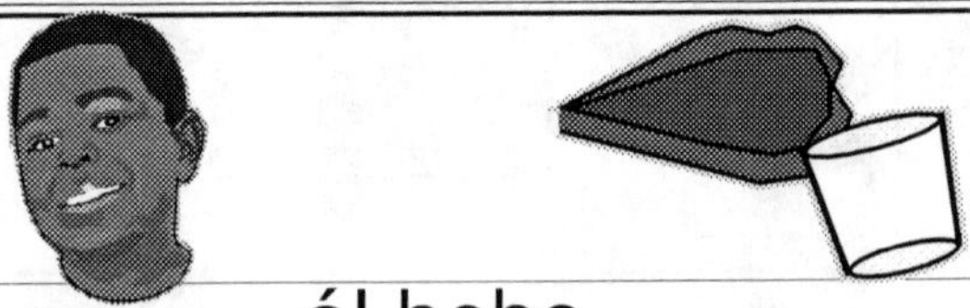

G *vosotros / as bebéis*
ustedes beben

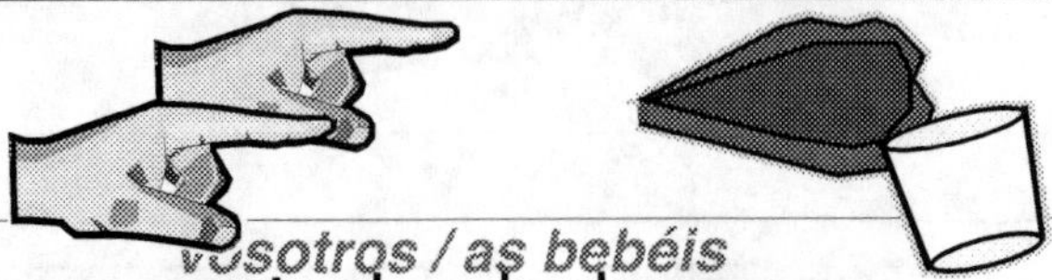

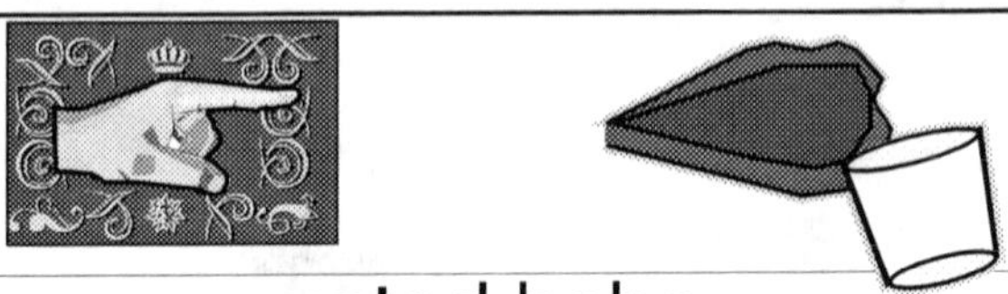

H ellos beben

I ellas beben

J ellos beben

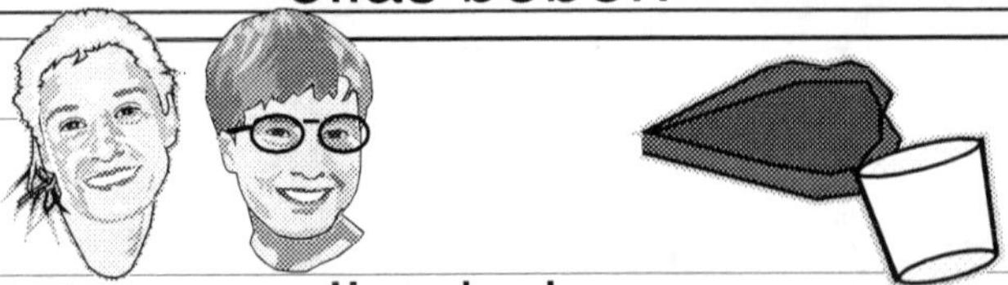

jugo de naranja    la leche    un café

1

2

3

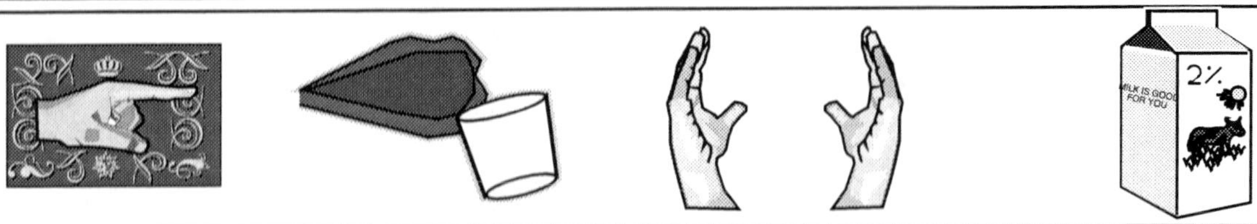

Practicamos.

4 |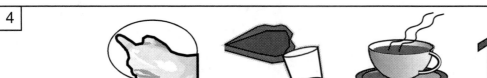

5 |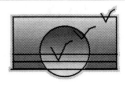

6 |

7 |

8 |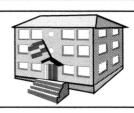

9 |

10 |

TOMAR

K  yo tomo

Ñ 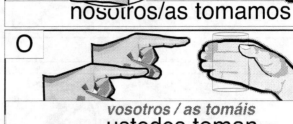 nosotros/as tomamos

L tú tomas

O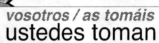
vosotros / as tomáis
ustedes toman

LL  él toma

P  él toma

M  ella toma

Q  ellas toman

N 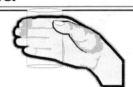 usted toma

R  ellos toman

Read and write the sentences

1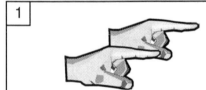

_____

2

_____

3

_____

17

4

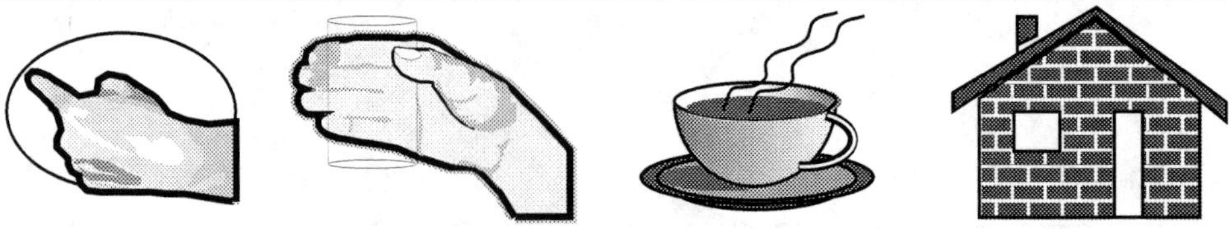

5

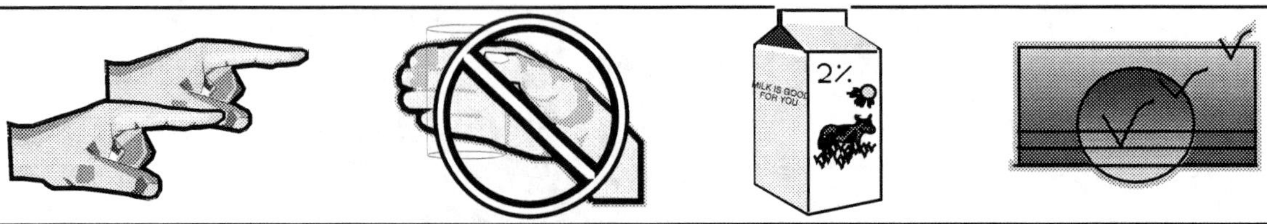

6

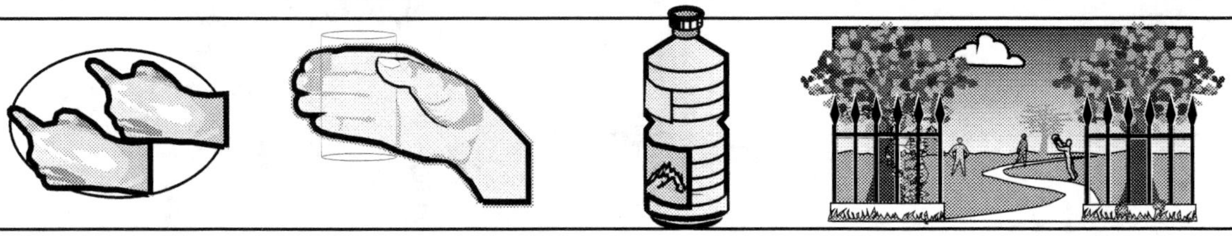

7

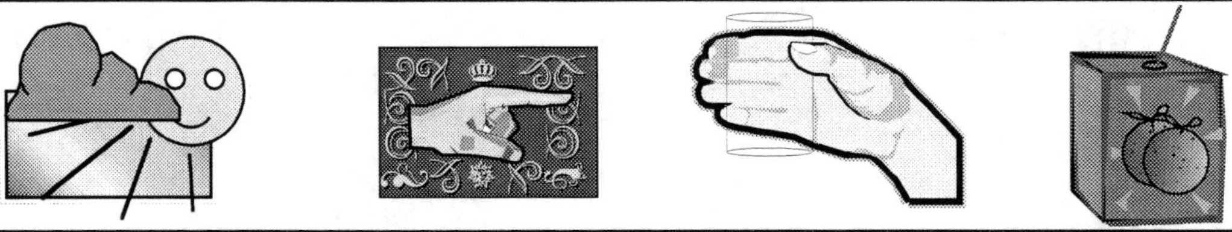

8

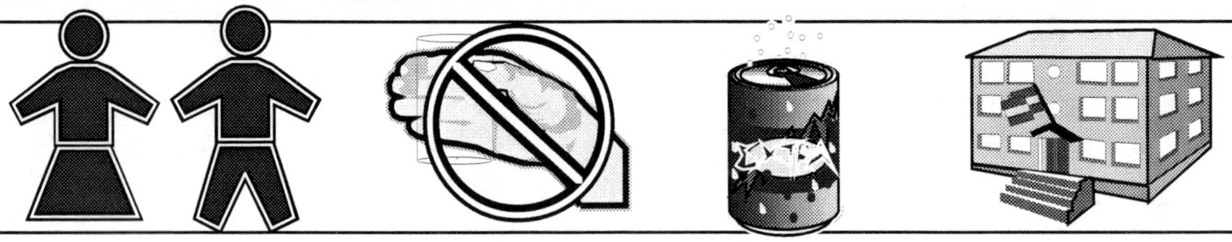

9

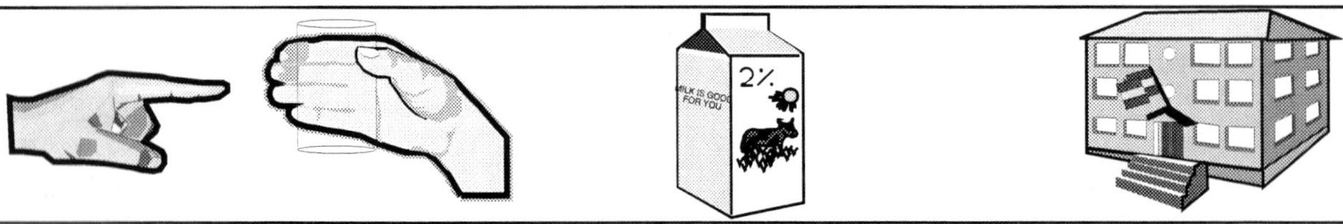

10

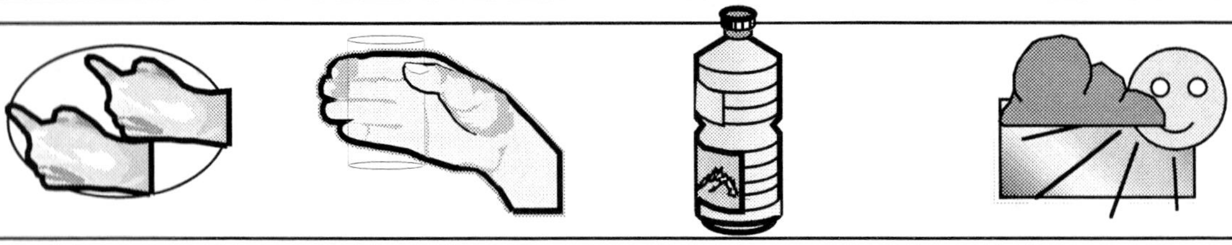

Imagine these dialogues
using the verbs *gustar, jugar, mirar, comer, beber (tomar)*.

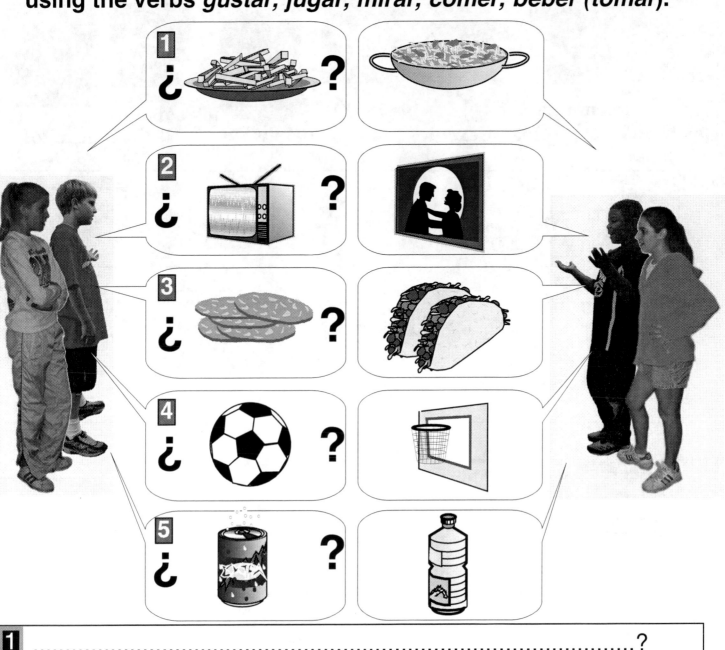

1	....?
	....
2	....?
	....
3	....?
	....
4	....?
	....
5	....?
	....

Los días de la semana

los martes   los jueves   los sábados

los lunes   los miércoles   los viernes   los domingos

1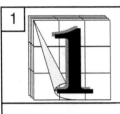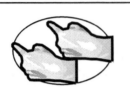

2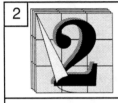

3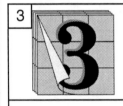

4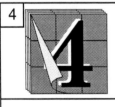

5

6

IR + *a* + infinitive

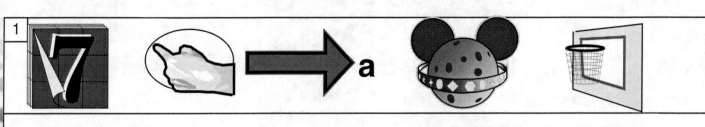

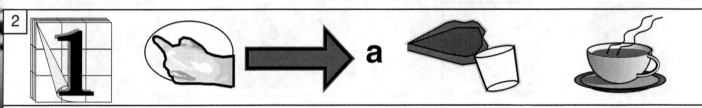

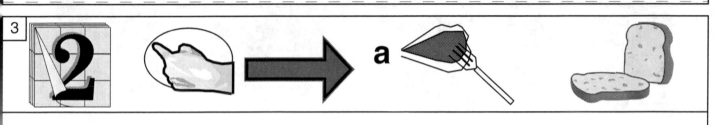

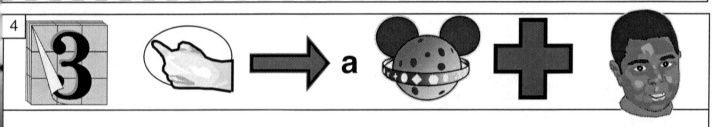

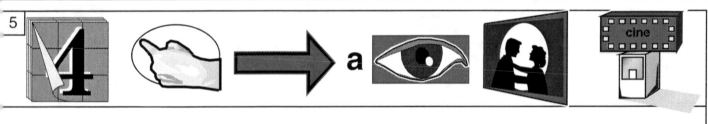

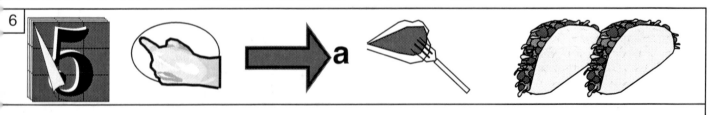

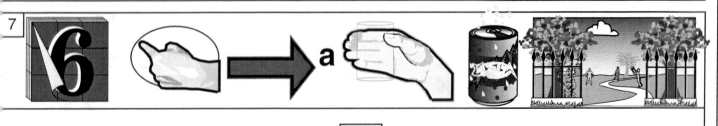

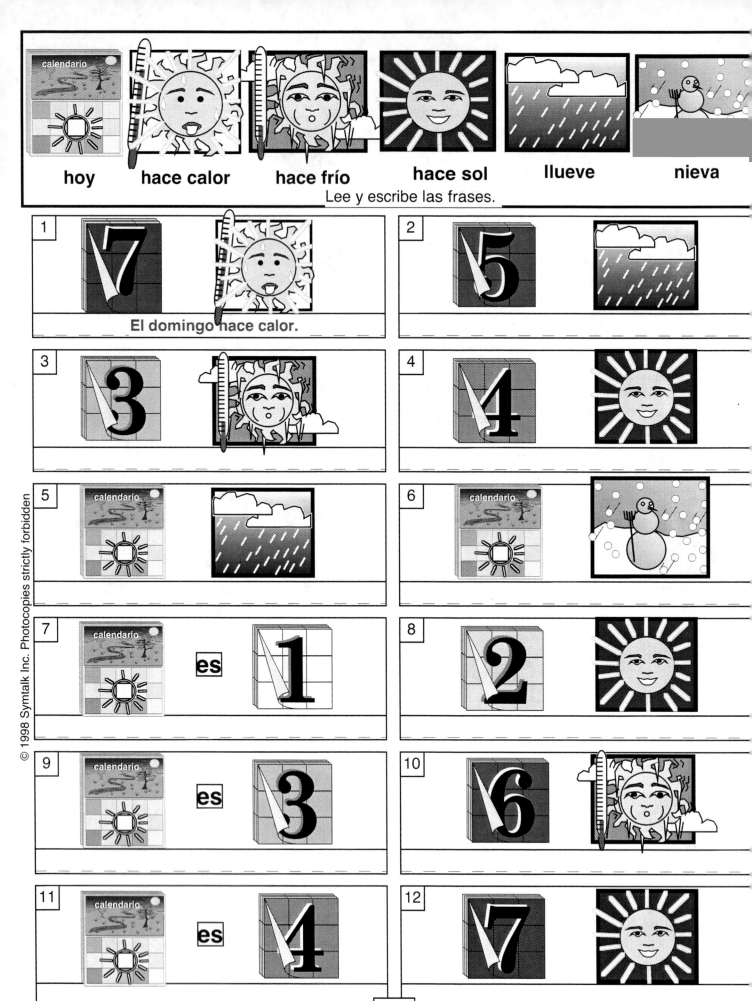

hoy   hace calor   hace frío   hace sol   llueve   nieva

Lee y escribe las frases.

1. El domingo hace calor.

¿Qué tiempo hace hoy?	¿Qué día es hoy?

1

¿Hace buen tiempo?
No, no hace buen tiempo.
Llueve.

2

¿Es lunes?
No, no es lunes.
Es jueves.

3

¿Hace calor?

4

¿Es sábado?

5

¿Hace frío?

6

¿Es domingo?

7

¿Llueve?

8

¿Es miércoles?

9

¿Nieva ?

10

¿Es viernes?

¿Qué tiempo hace?

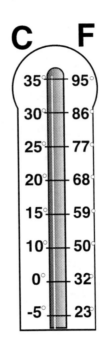

C	F
35°	95°
30°	86°
25°	77°
20°	68°
15°	59°
10°	50°
0°	32°
-5°	23°

S= soleado   N=nieve   Ll=lluvia

Río de Janeiro	38°	S	Buenos Aires	32°	Ll
Caracas	31°	S	Lima	29°	S
La Paz	8°	N	Quito	13°	N
Santiago	26°	S	La Habana	28°	S
San Juan	22°	Ll	México (ciudad)	15°	S

A. Look at the weather table above and answer these questions:
1. ¿Hace frío en Buenos Aires?
2. ¿Llueve en San Juan?
3. ¿Hace calor en Río de Janeiro?
4. ¿Hace sol en Caracas?

B. Let's compare the weather in these cities using the word "pero".
En Buenos Aires hace calor <u>pero</u> en Santiago hace frío.

Use the model above to compare the weather between these cities:
1. Lima / San Juan
2. Río de Janeiro / Buenos Aires
3. La Habana / La Paz
4. México / Quito
5. Tu ciudad / San Juan

24

Cuando

Lee y escribe las frases.

1 *cuando*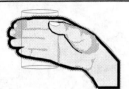

2 *cuando*

3 *cuando*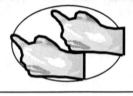

4 *cuando*

5   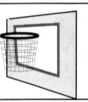 *cuando*

6    *cuando*

7    *cuando*

Porque

Lee y escribe las frases.

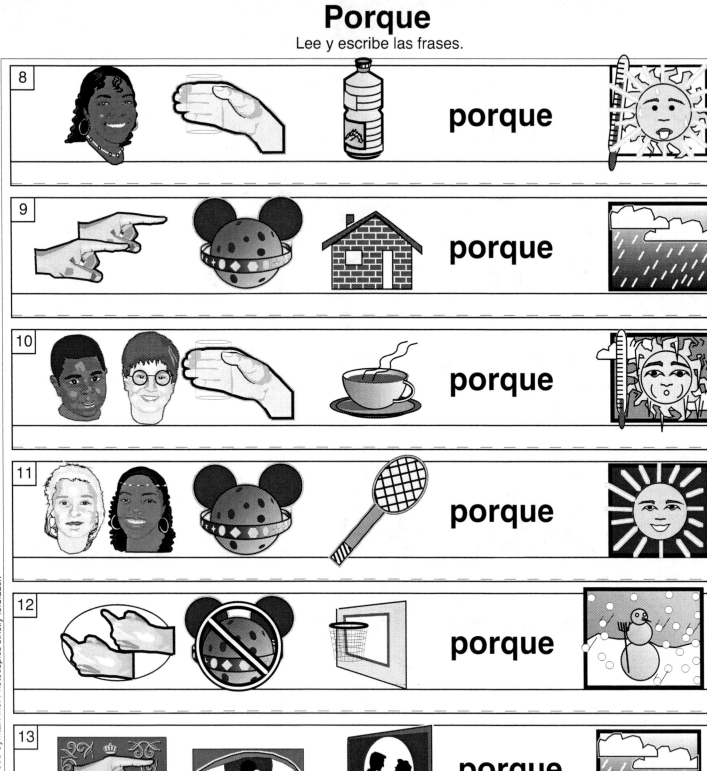

8   **porque**

9   **porque**

10   **porque**

11   **porque**

12   **porque**

13   **porque**

14   **porque**

ir

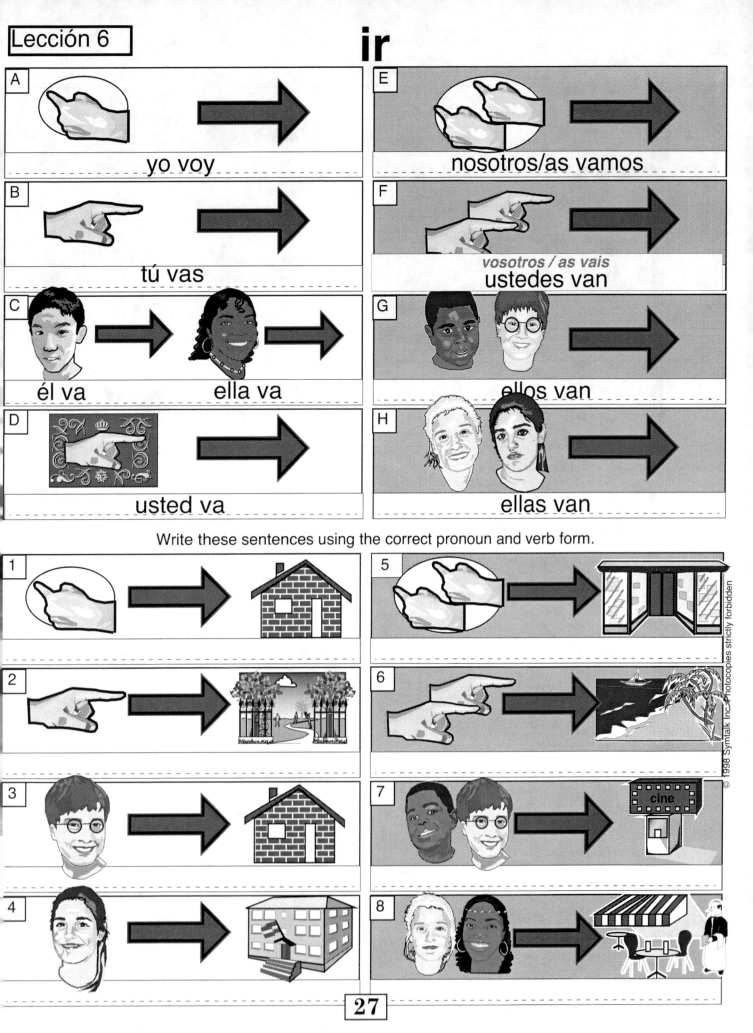

A. yo voy

B. tú vas

C. él va · ella va

D. usted va

E. nosotros/as vamos

F. *vosotros / as vais* · ustedes van

G. ellos van

H. ellas van

Write these sentences using the correct pronoun and verb form.

1.

2.

3.

4.

5.

6.

7.

8.

Lee y escribe las frases.

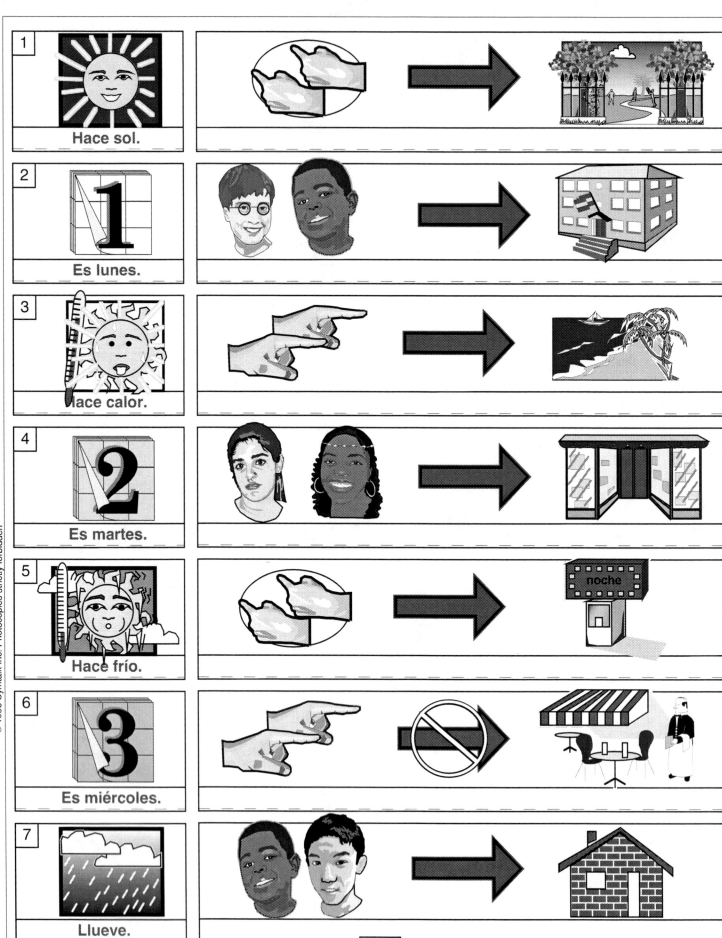

1	Hace sol.	
2	Es lunes.	
3	Hace calor.	
4	Es martes.	
5	Hace frío.	
6	Es miércoles.	
7	Llueve.	

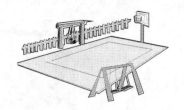 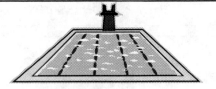 

el patio de recreo **a la piscina / en la piscina** **juntos**

1	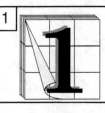				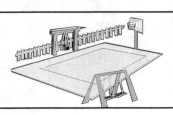
2					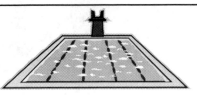
3					
4	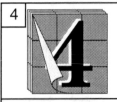				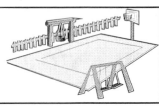
5			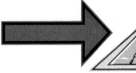	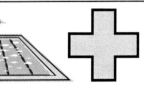	
6		 			

Lee y escribe las frases.

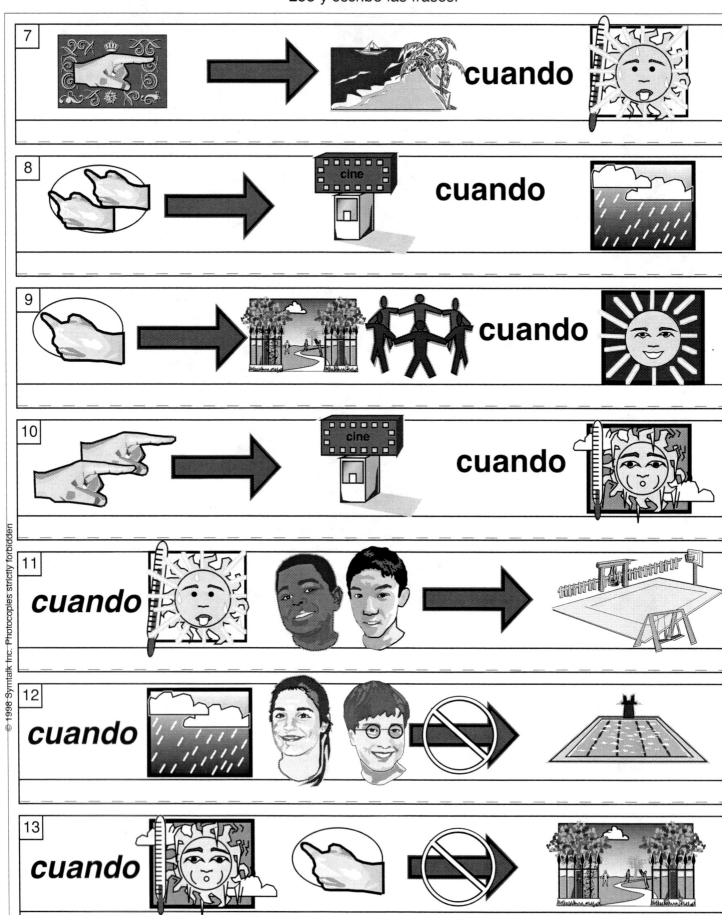

Lee y escribe las frases.

14 **cuando**

15 **cuando**

16 **cuando**

17 **cuando**

18   **cuando**

19    **cuando**

20 **a**  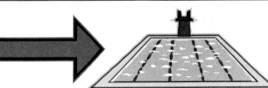 **cuando**

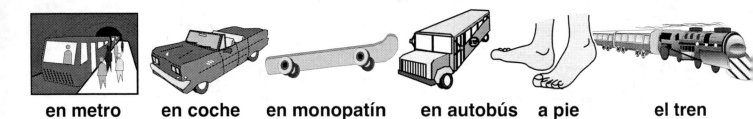

en metro en coche en monopatín en autobús a pie el tren

Create and answer the questions.

¿Cómo vas ...?
¿Cómo van ...?

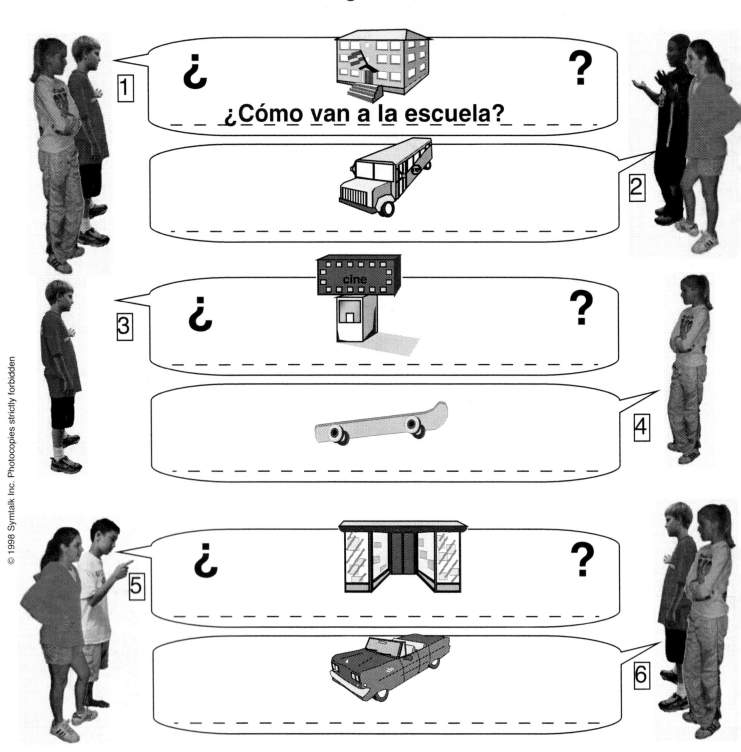

1. ¿ ?

¿Cómo van a la escuela?

2. _ _ _ _ _ _ _ _ _ _

3. ¿ ?

_ _ _ _ _ _ _ _ _

4. _ _ _ _ _ _ _ _ _

5. ¿ ?

_ _ _ _ _ _ _ _ _

6. _ _ _ _ _ _ _ _ _

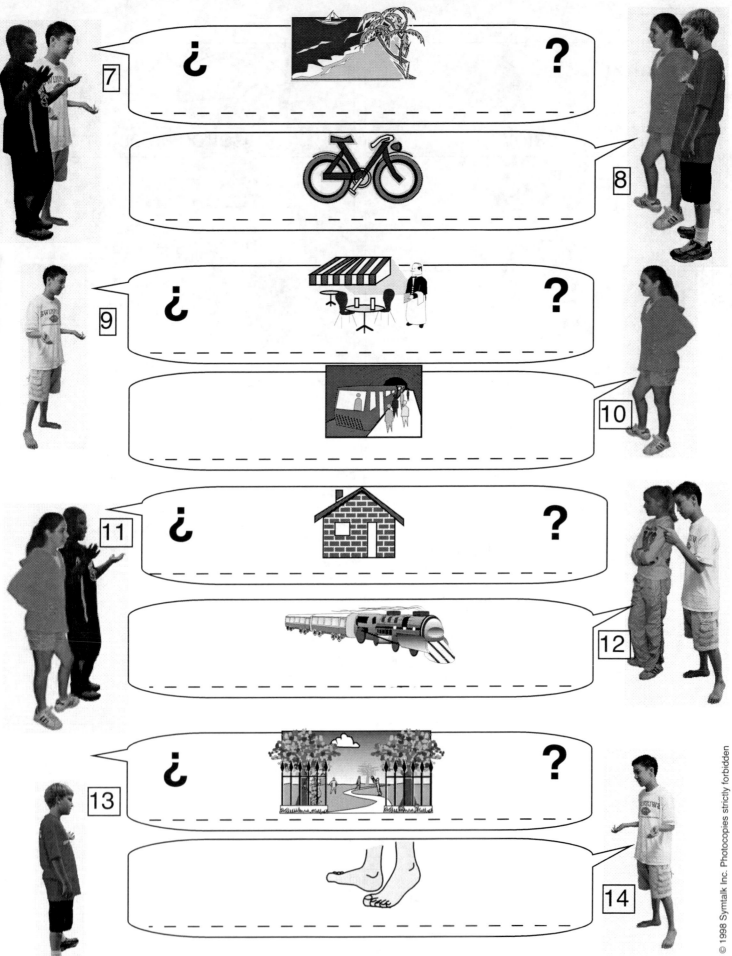

ESTAR

I — yo estoy

J — tú estás

K — él está · ella está

L — usted está

LL — nosotros/as estamos

M — *vosotros / as estáis* · ustedes están

N — ellos están

Ñ — ellas están

adjectives according to gender & number

un niño (masc.)
una niña (fem.)

cansado
cansada
cansados
cansadas

enfermo
enferma
enfermos
enfermas

retrasado
retrasada
retrasados
retrasadas

1

2

3

4

5

6

Lee y escribe las frases.

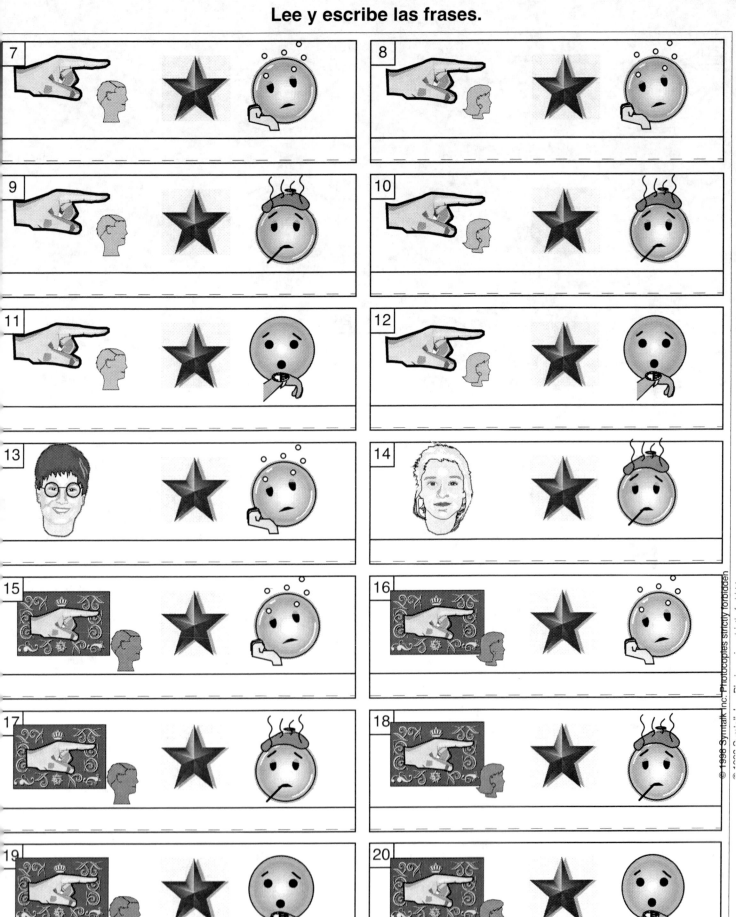

Lee y escribe las frases.

 feliz / felices

Lee y escribe las frases.

 triste / tristes

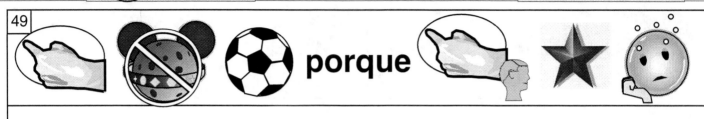

Preguntas y respuestas
Escribe la pregunta y la respuesta para cada diálogo.

39

En la casa

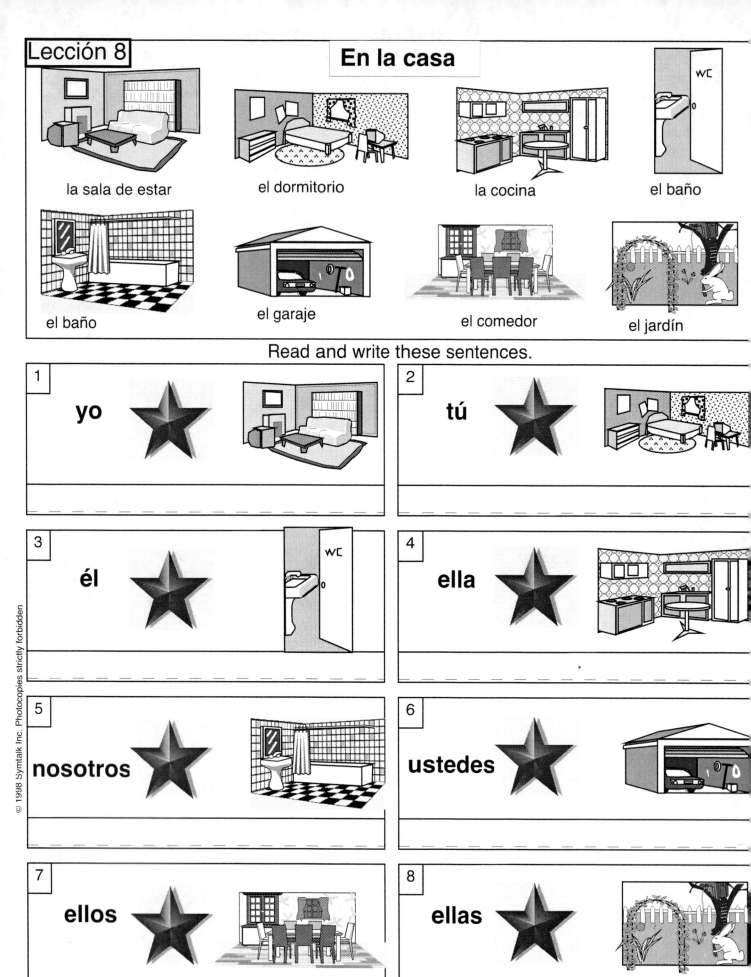

la sala de estar

el dormitorio

la cocina

el baño

el baño

el garaje

el comedor

el jardín

Read and write these sentences.

1 yo

2 tú

3 él

4 ella

5 nosotros

6 ustedes

7 ellos

8 ellas

estar

Lee y escribe las frases.

ir

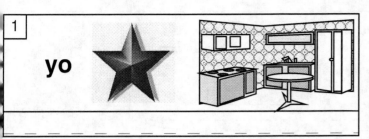

1 yo

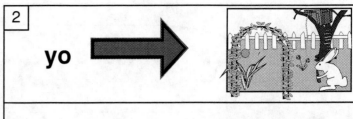

2 yo

3 tú

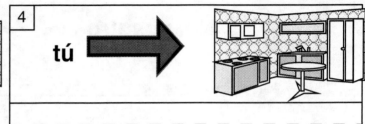

4 tú

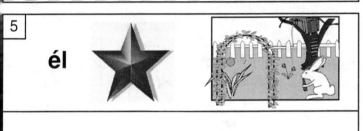

5 él

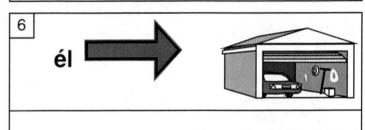

6 él

7 nosotros

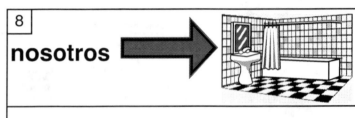

8 nosotros

9 usted

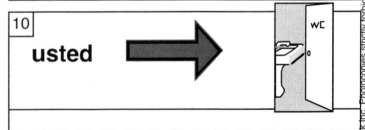

10 usted

11 ellos

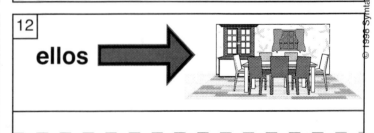

12 ellos

13 ellas

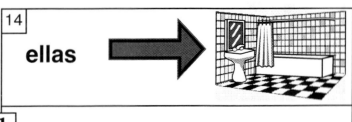

14 ellas

Interpret the dialogues using ¿Ustedes están en el ...?

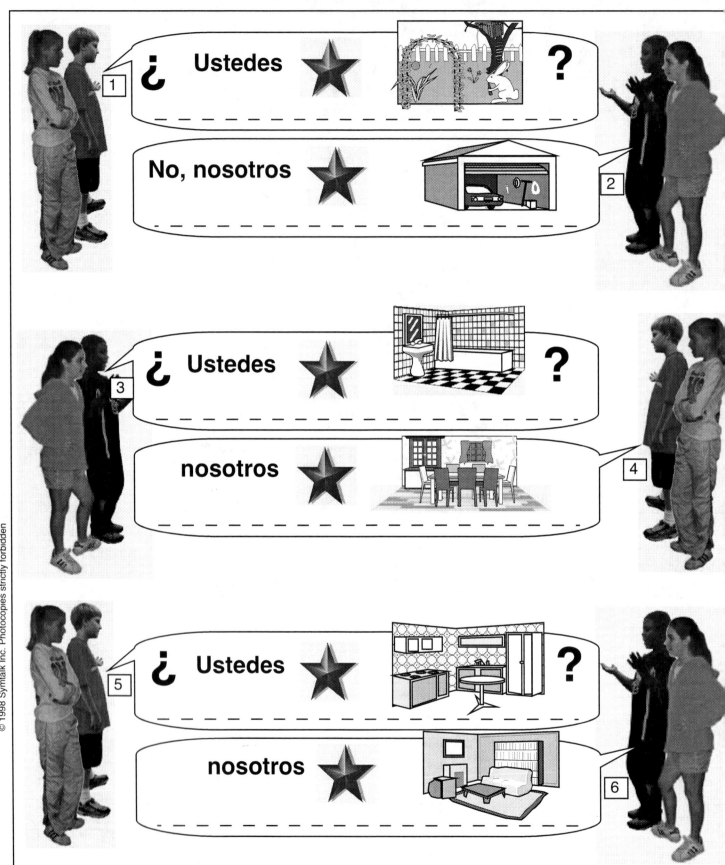

En la casa y en el jardín

1  la lámpara	2  las tazas	3  los juguetes	4  la computadora
5  **las ollas**	6  la pintura	7  el frigorífico	8  la cubertería
9 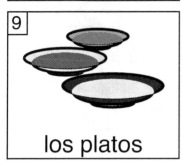 los platos	10  **las herramientas**	11 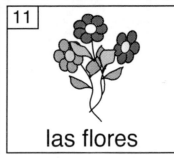 las flores	12  el horno
13 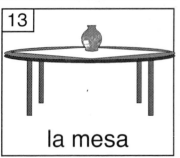 la mesa	14  la alfombra	15 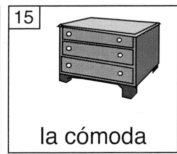 la cómoda	16 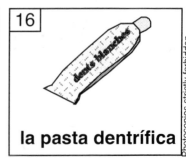 **la pasta dentrífica**
17 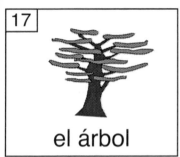 el árbol	18  el sillón	19 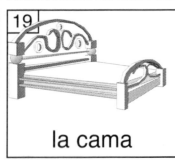 la cama	20 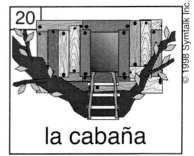 la cabaña
21 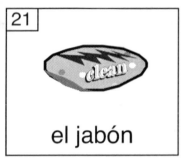 el jabón	22 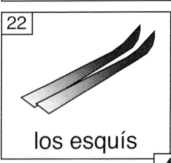 los esquís	23 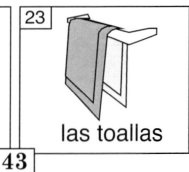 las toallas	24  la silla

Lee y escribe las frases.

1		★	

_____

2		★	

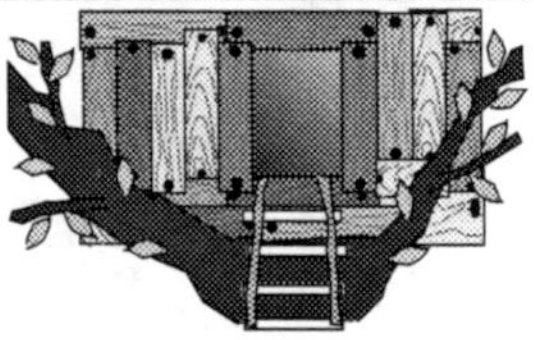

_____

3		★	

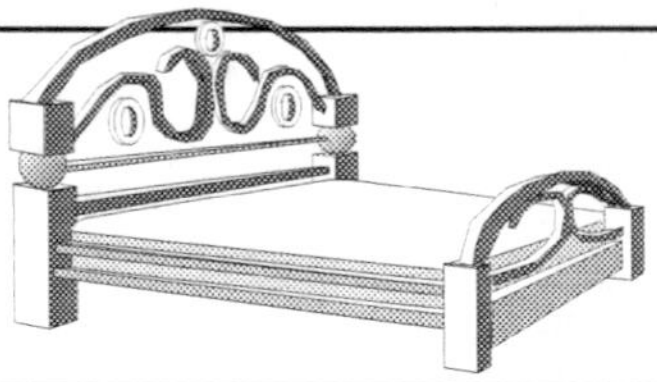

_____

4	 clean	★	

_____

5		★	

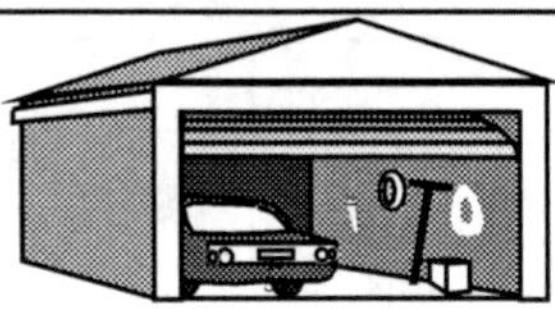

_____

6		★	

_____

7		★	

_____

8		★	

Create questions using ¿Dónde está...? ¿Dónde están...?
and answer them using logical places: Está en .... Están en ...

1	2	3
¿Dónde está la pintura ? Está en el garaje.		

4	5	6

7	8	9

10	11	12

Finish the sentences by telling where the following objects can be found in a home.

1   Los juguetes . ...

2   La cómoda ....

3   La cabaña..

4   La pintura ....

5   Los esquís ....

6   La lámpara ....

7   La mesa ....

8   Las herramientas ....

9   Las ollas ....

10   El jabón . ...

11   Las flores ....

12   La pasta dentrífica..

13   El frigorífico . ...

14   La computadora ....

15   La cubertería ....

16   La cama ....

17   El horno ....

18   Los platos ....

19   El sillón ....

20   Las toallas ....

21   La alfombra..

22   La silla ....

.23   El árbol ....

24   Las tazas ....

tener

O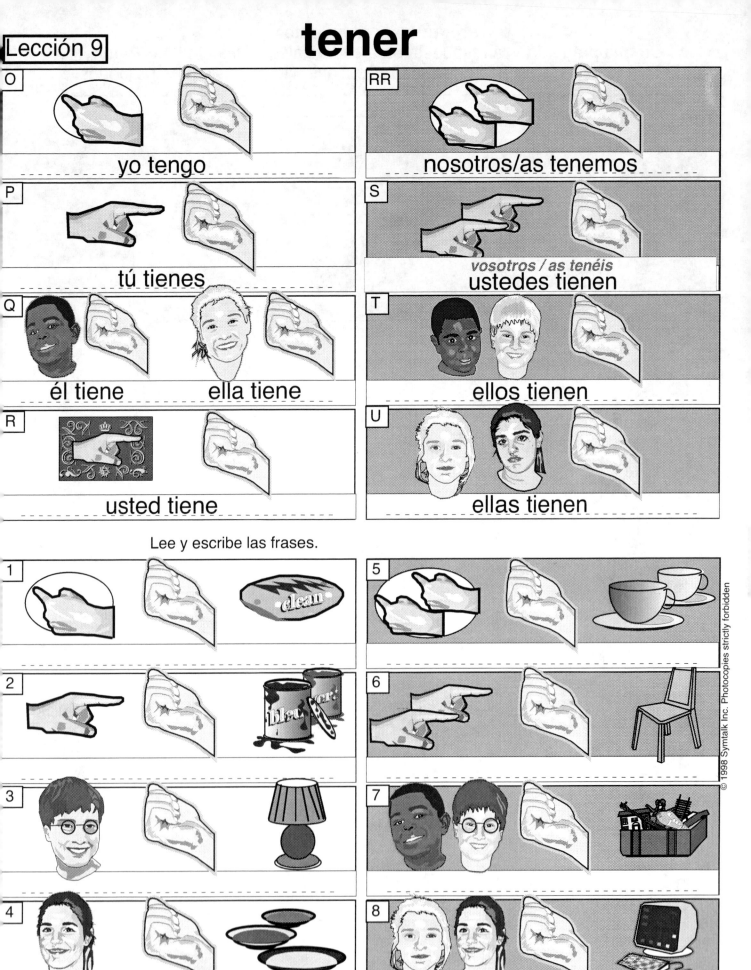

yo tengo

RR

nosotros/as tenemos

P

tú tienes

S

vosotros / as tenéis
ustedes tienen

Q

él tiene   ella tiene

T

ellos tienen

R

usted tiene

U

ellas tienen

Lee y escribe las frases.

1

5

2

6

3

7

4

8

47

Preguntas y respuestas

Crea la pregunta y la respuesta para cada diálogo. Usa el verbo *tener*.
Let's practice asking and answering questions **without** using the pronouns.

Expressions with TENER

tener hambre

tener sed

tener frío

tener calor

1  	2  
3 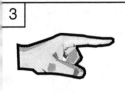	4  
5   	6 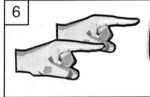 
7   	8 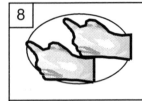  
9 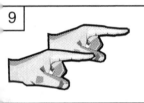  	10   
11   	12 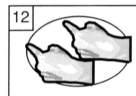  

Lee y contesta cada pregunta usando el verbo *tener* y el adjetivo correcto.

Lee y escribe las frases.

Let's practice not using subject pronouns. Notice that the symbol for subject pronouns is lighter.

1998 Symtalk Inc. Photocopies strictly forbidden

Cristina y Natalia en casa

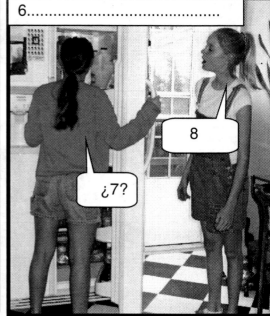

Match the sentences below to the captions and write them in the correct order.

1:..
2:..
3:..
4:..
5:..
6:..
7:..
8:..
9:..
10:...
11:...
12:...
13:...

¿Tienes sed ?

Ellas van al dormitorio.

Sí, ¿tienes leche?

Sí, me gustan las galletas.

Cristina y Natalia miran la televisión en el dormitorio.

De acuerdo.*

Ellas están en la cocina.

Vamos a mirar la película.

¿Te gustan las galletas?

¿Tienes hambre, también? (*also)

Vamos a la cocina.

Sí, tengo hambre.

Yo también.*

*de acuerdo = alright
* también = too.

A   Contesta en frases completas.

1   ¿Ellas están en la cocina?

....

2   ¿Ellas comen papas fritas?

....

3   ¿Ellas leen un libro?

....

4   ¿Ellas son amigas?

....

B   Check the correct sentences.

1 ☐ Cristina y Natalia comen galletas.
2 ☐ Ellas juegan con el perro.
3 ☐ La televisión está en la cocina.
4 ☐ Cristina y Natalia están en el dormitorio.
5 ☐ Ellas beben agua.
6 ☐ Natalia es la amiga de Cristina.
7 ☐ Ellas miran la computadora.

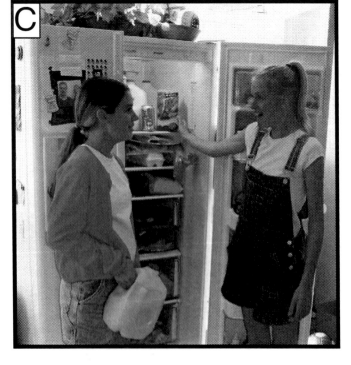

C   Completa las oraciones con la forma correcta del verbo en paréntesis.

Natalia..... (estar) contenta porque Cristina....... (tener) galletas. Ellas .... (ir) al dormitorio de Cristina,........(mirar) una película y ....(beber) leche.

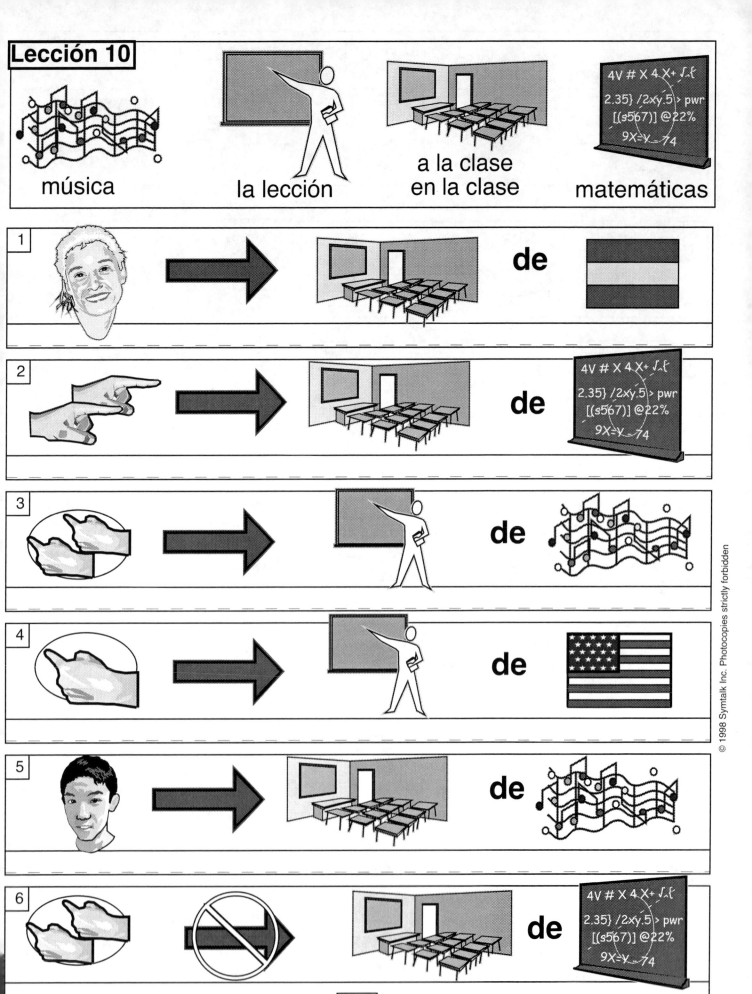

Lee y escribe las frases.

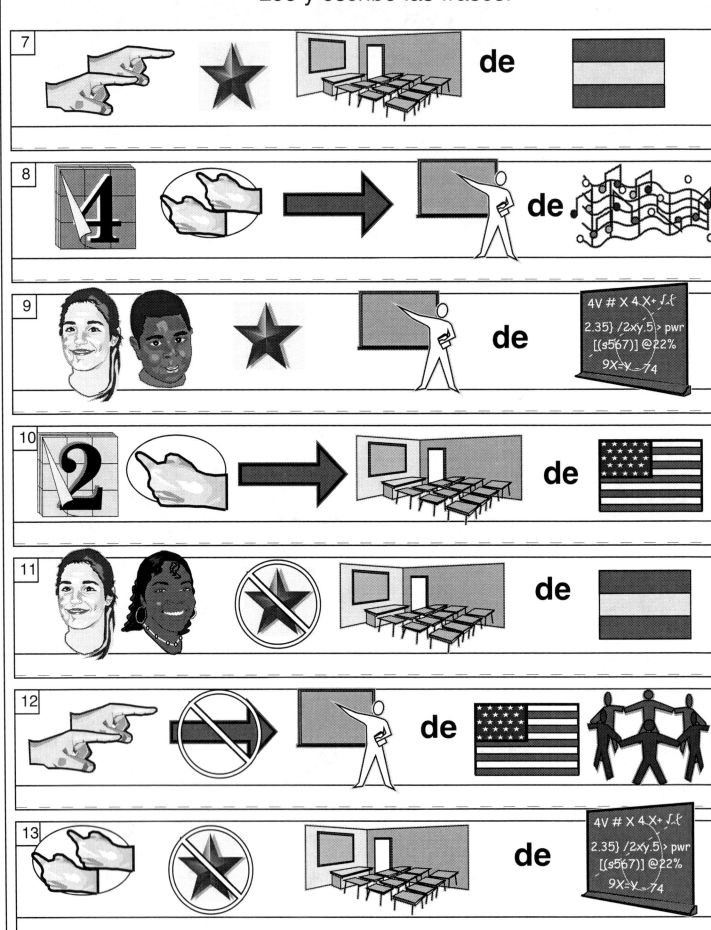

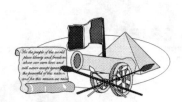   

historia **arte** **geografía** **educación física**

1    **de**

2 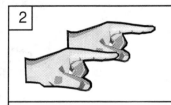   **de**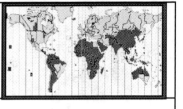

3

4 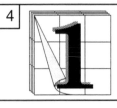    **de**

5   **de**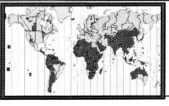

6

Imagine the dialogues.
Begin each question with "**Ustedes están...**"

HABLAR

S 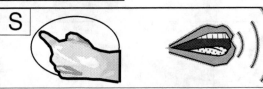 yo hablo	**W** 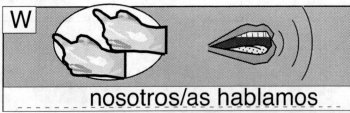 nosotros/as hablamos
T  tú hablas	**X**  *vosotros / as habláis* ustedes hablan
U  él habla ella habla	**Y**  ellos hablan
V  usted habla	**Z** ellas hablan

Let's practice not using a subject pronoun in the sentences.
Notice that the symbol for the subject pronoun is lighter.

1 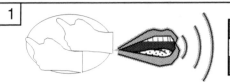 **cuando**

2   **cuando**

3 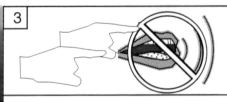 **en**  **de**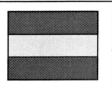

4 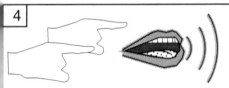  **en**  **de**

Lee y escribe las frases.

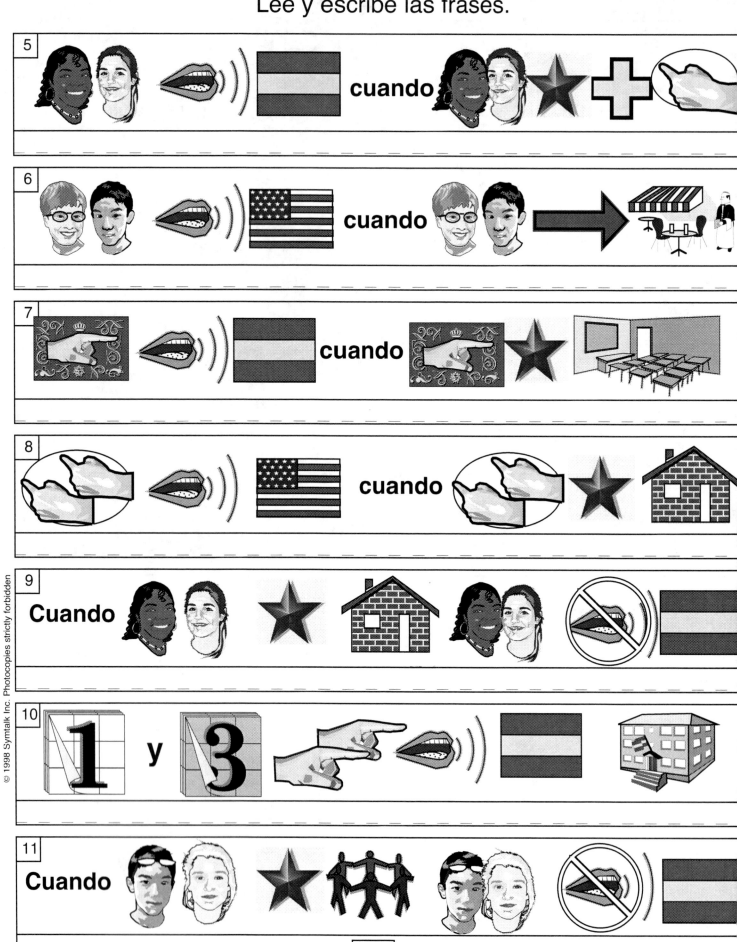

ESTUDIAR

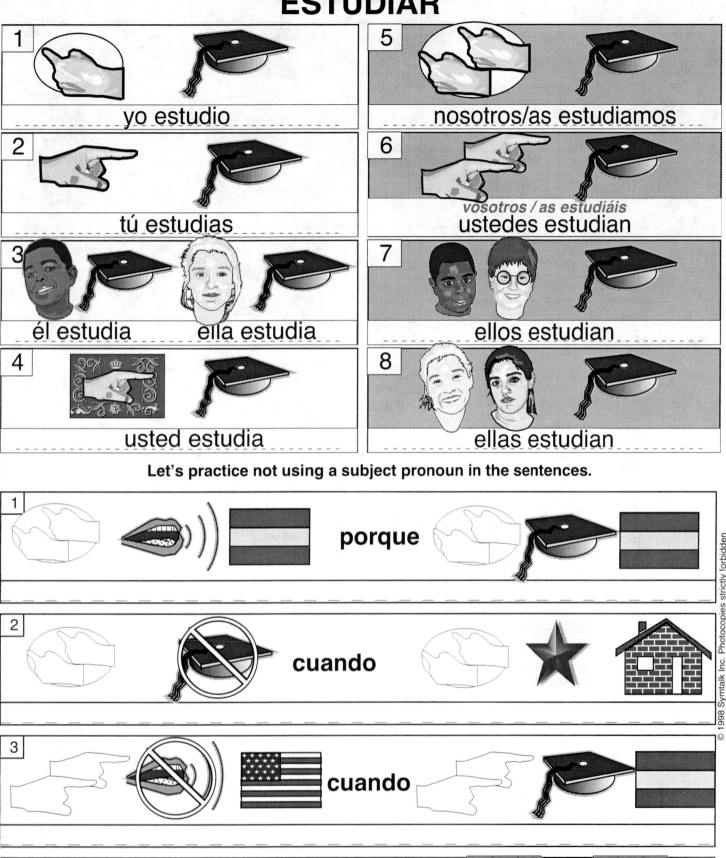

1 yo estudio

5 nosotros/as estudiamos

2 tú estudias

6 *vosotros / as estudiáis*
ustedes estudian

3 él estudia ella estudia

7 ellos estudian

4 usted estudia

8 ellas estudian

Let's practice not using a subject pronoun in the sentences.

1 porque

2 cuando

3 cuando

4 y

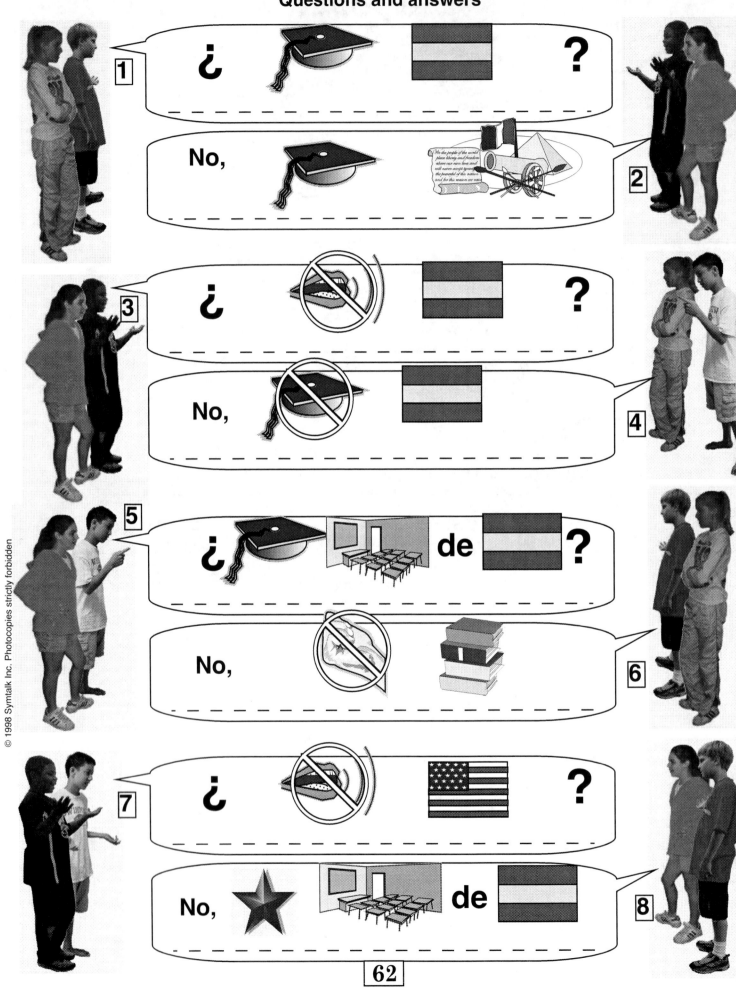

ESCUCHAR

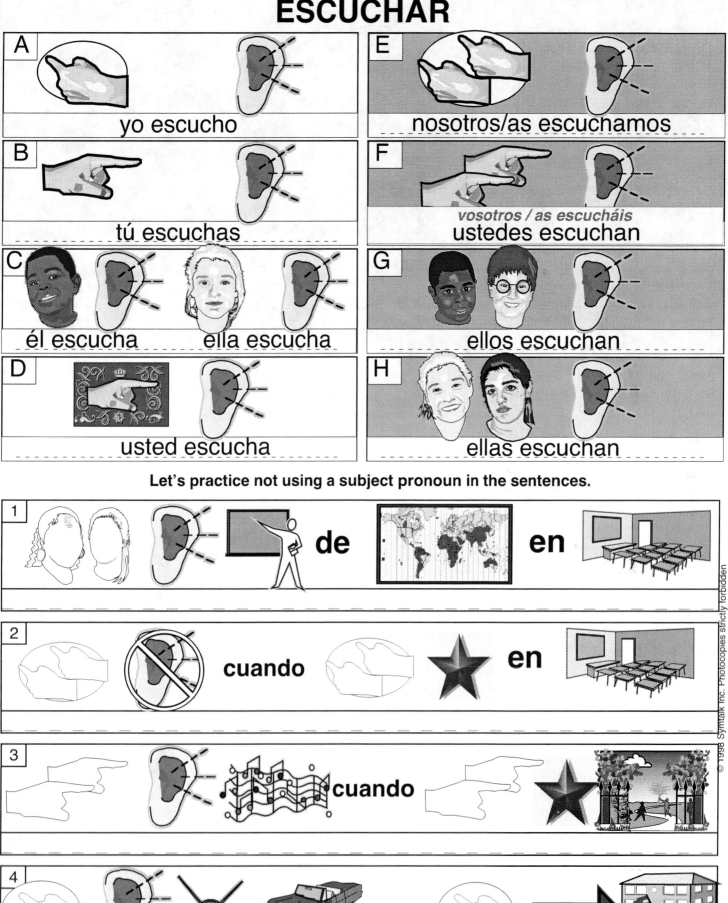

A yo escucho

B tú escuchas

C él escucha ella escucha

D usted escucha

E nosotros/as escuchamos

F *vosotros / as escucháis*
ustedes escuchan

G ellos escuchan

H ellas escuchan

Let's practice not using a subject pronoun in the sentences.

1 de en

2 cuando en

3 cuando

4 cuando

los
profesores
the teachers

**la
profesora**
the teacher

**el
profesor**
the teacher

---

1  **a**  **de**

---

2  **de**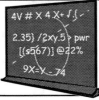

---

3  **a**  **de**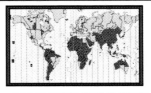

4

---

5  **a**  **cuando**

---

6  **cuando**

RELAJARSE

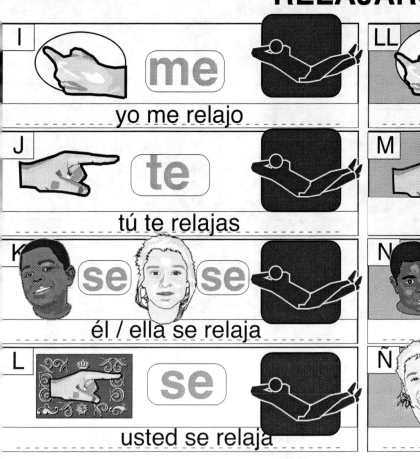

I. yo me relajo

J. tú te relajas

K. él / ella se relaja

L. usted se relaja

LL. nosotros/as nos relajamos

M. *vosotros / as os relajáis*
ustedes se relajan

N. ellos se relajan

Ñ. ellas se relajan

DIVERTIRSE

O. yo me divierto

P. tú te diviertes

Q. él / ella se divierte

R. usted se divierte

RR. nosotros/as nos divertimos

S. *vosotros / as os divertís*
ustedes se divierten

T. ellos se divierten

U. ellas se divierten

1  nos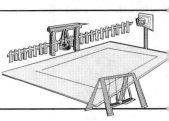

2 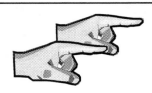 se

3  nos

4  se

5  se

6  se

7  nos   de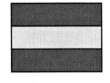

8 **no**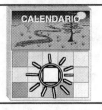

9  **no**

10  **no**

11  **no**

12 **no**

13  **no**

14 **no**

DEBER

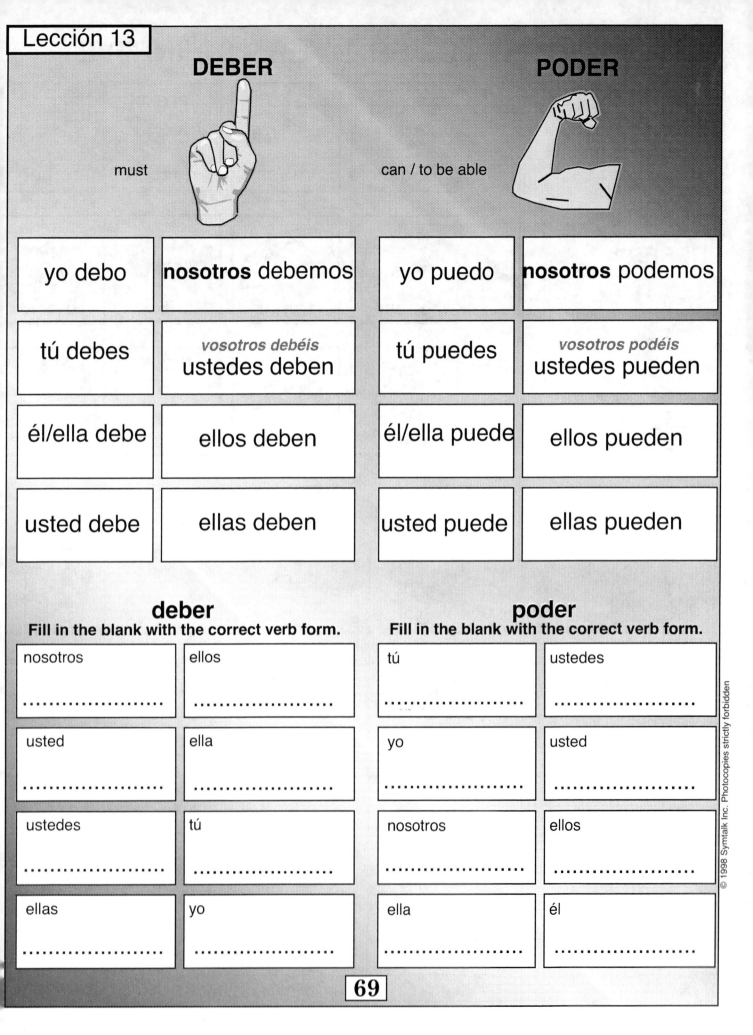

must

PODER

can / to be able

yo debo	**nosotros** debemos
tú debes	*vosotros debéis* ustedes deben
él/ella debe	ellos deben
usted debe	ellas deben

yo puedo	**nosotros** podemos
tú puedes	*vosotros podéis* ustedes pueden
él/ella puede	ellos pueden
usted puede	ellas pueden

deber
Fill in the blank with the correct verb form.

nosotros	ellos ....
usted	ella ....
ustedes	tú ....
ellas	yo ....

poder
Fill in the blank with the correct verb form.

tú	ustedes ....
yo	usted ....
nosotros	ellos ....
ella	él ....

DEBER / PODER + VERB INFINITIVE

DEBER

PODER

+

jugar	mirar	gustar	comer
beber	tomar	ir	estar
tener	hablar	escuchar	estudiar

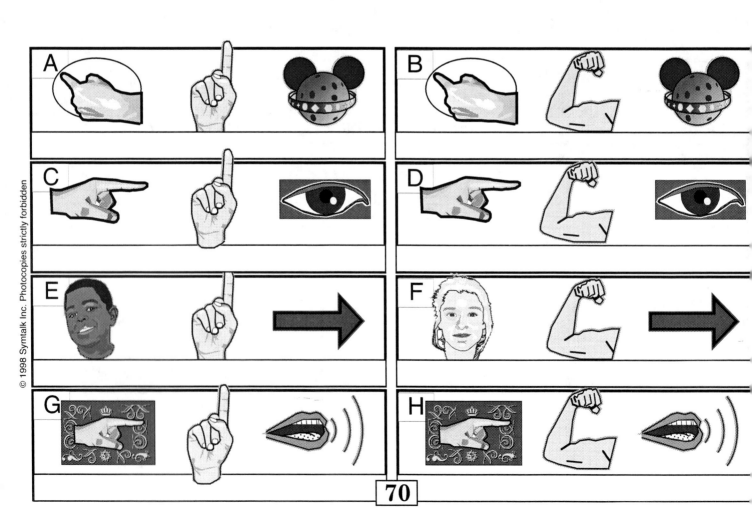

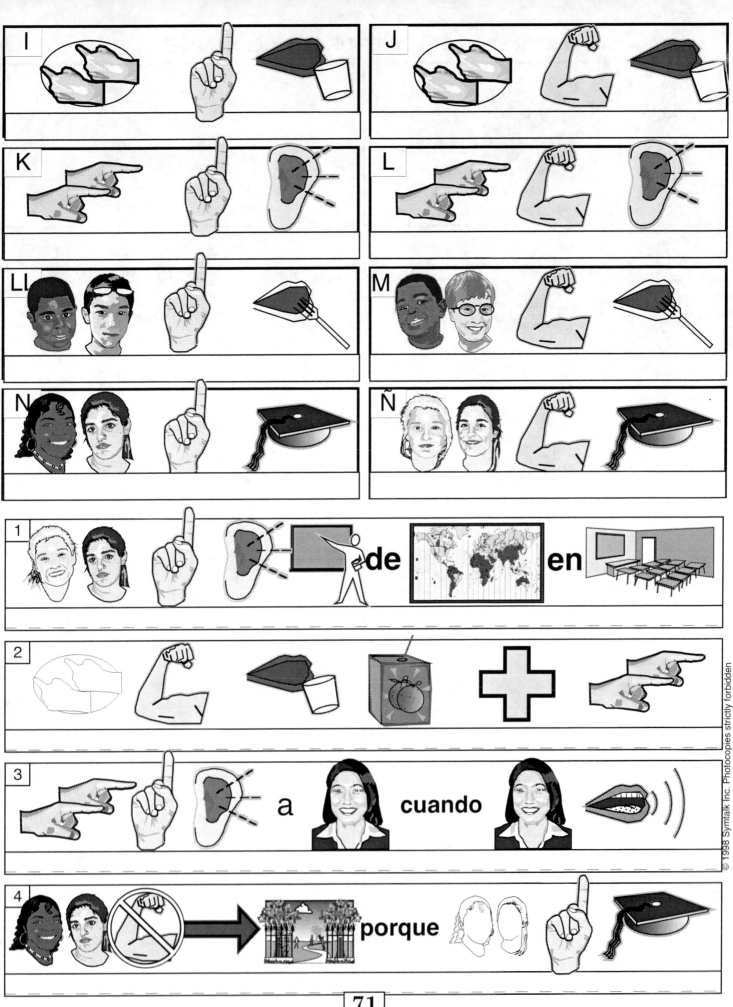

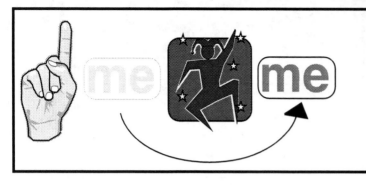
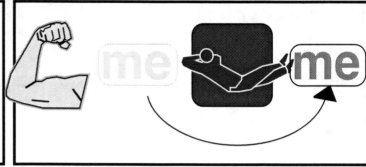

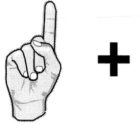 +

debo divertir<u>me</u>   **debemos divertir<u>nos</u>**
debes divertir<u>te</u>   debéis divertir<u>os</u>
debe divertir<u>se</u>   **deben divertir<u>se</u>**

puedo relajar<u>me</u>   **podemos relajar<u>nos</u>**
puedes relajar<u>te</u>   podéis relajar<u>os</u>
puede relajar<u>se</u>   **pueden relajar<u>se</u>**

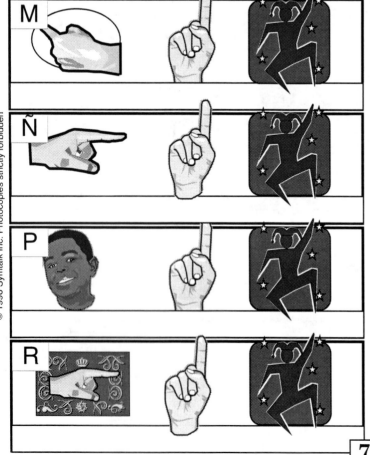

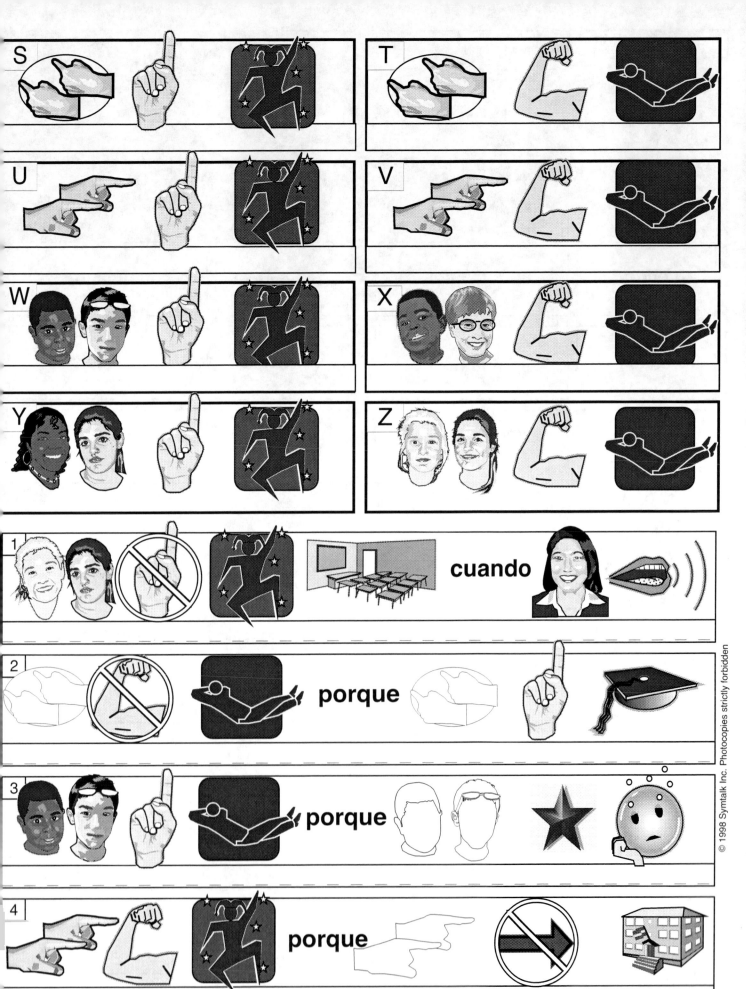

cuando

porque

porque

porque

aprender

to learn

entender

to understand

aprendo	**aprendemos**
aprendes	aprendéis
aprende	**aprenden**

entiendo	**entendemos**
entiendes	entendéis
entiende	**entienden**

aprender
Fill in the blank with the correct verb form.

nosotros	ellos ....
usted	ella ....
ustedes	tú ....
ellas	yo ....

entender
Fill in the blank with the correct verb form.

tú	ustedes ....
yo	usted ....
nosotros	ellos ....
ella	él ....

Preguntas y respuestas

1 ¿ 💡 ▬ ?
_ _ _ _ _ _ _ _ _

2 📖 ▬ un poco*
_ _ _ _ _ _ _ _ _

un poco* - a little

3 ¿ 💡 🧑‍🏫 ?
_ _ _ _ _ _ _ _ _

4 No, ☝️ 📖 🧑‍🏫 de 📊
_ _ _ _ _ _ _ _ _

5 ¿ 📖 🏫 🤸 ?
_ _ _ _ _ _ _ _ _

6 No, 🎓 🏠
_ _ _ _ _ _ _ _ _

7 ¿ 🤐 🇺🇸 ?
_ _ _ _ _ _ _ _ _

8 Sí, 📖 🇺🇸 🏫
_ _ _ _ _ _ _ _ _

75

Cosas que aprendemos

escribir   **leer**   **dibujar**   **cocinar**

conducir   **nadar**   **bailar**   **tocar**

la guitarra

el piano

la flauta

1   a   de

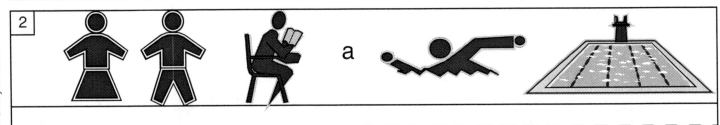

2   a

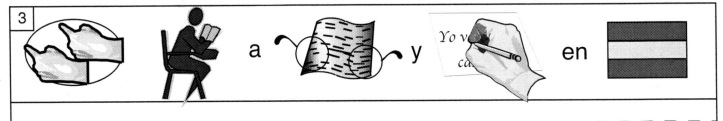

3   a   y   en

4   a   en   de

5   a   y

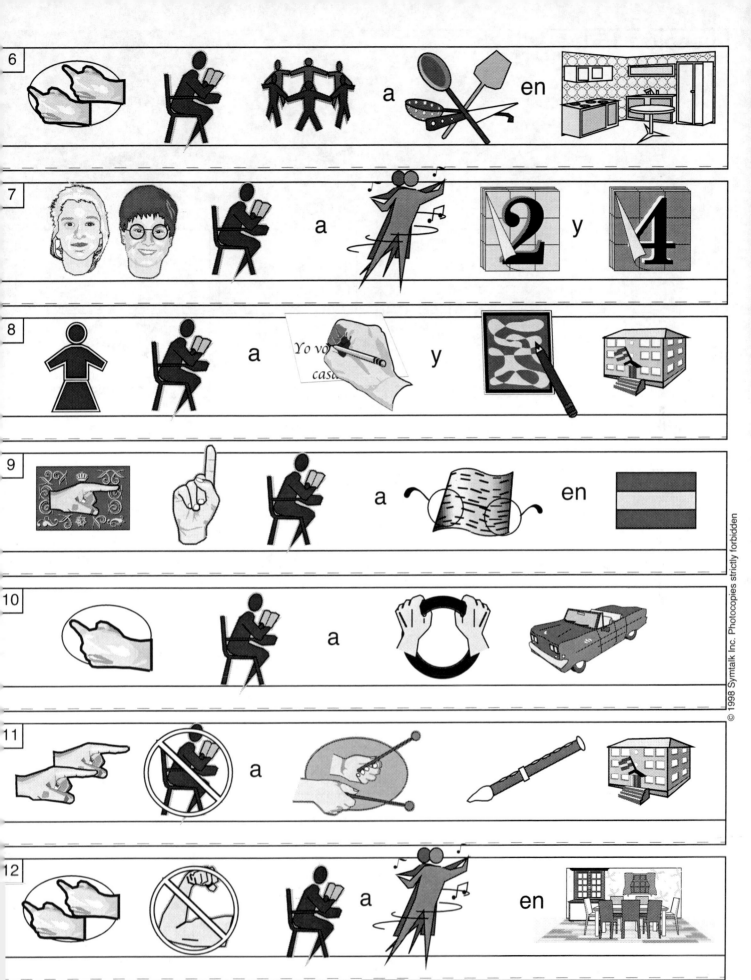

querer
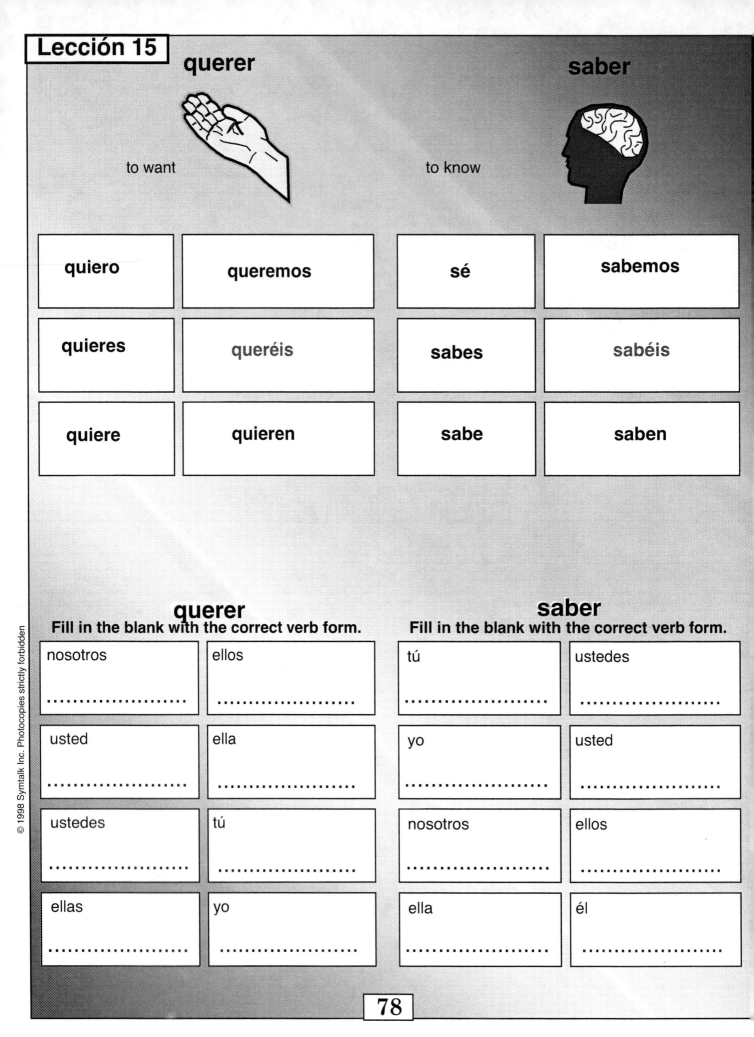

to want

saber

to know

quiero	queremos
quieres	queréis
quiere	quieren

sé	sabemos
sabes	sabéis
sabe	saben

querer
Fill in the blank with the correct verb form.

nosotros	ellos
....	....
usted	ella
....	....
ustedes	tú
....	....
ellas	yo
....	....

saber
Fill in the blank with the correct verb form.

tú	ustedes
....	....
yo	usted
....	....
nosotros	ellos
....	....
ella	él
....	....

Lee y contesta las preguntas.

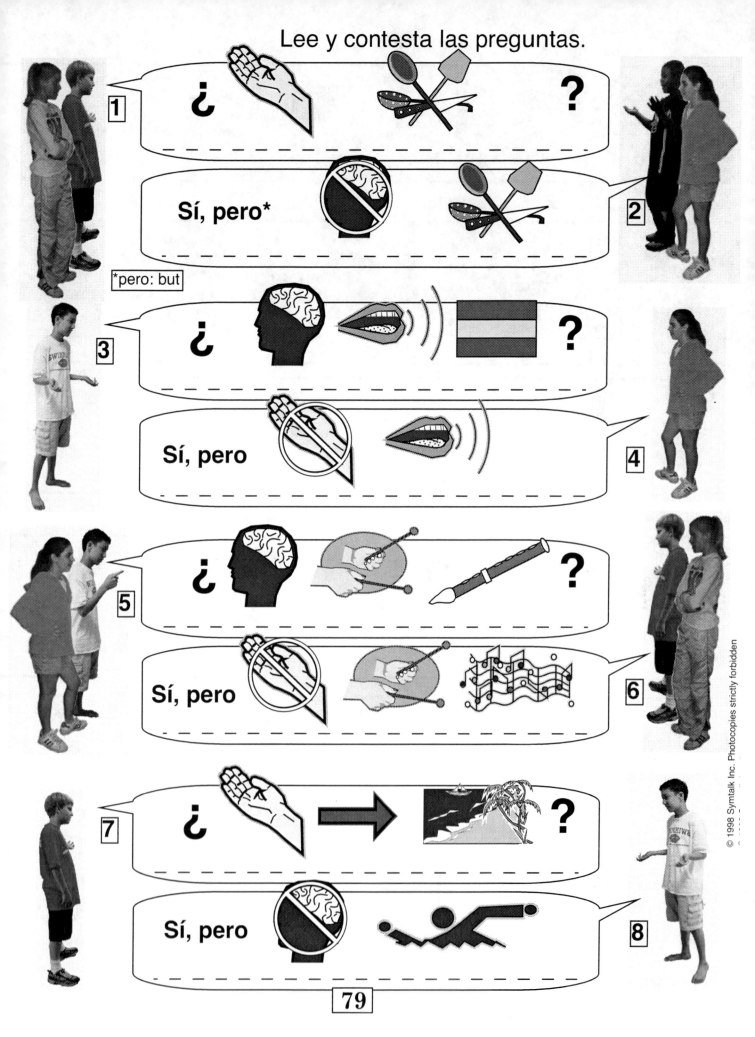

1 ¿ _____ ?

2 Sí, pero* _____

*pero: but

3 ¿ _____ ?

4 Sí, pero _____

5 ¿ _____ ?

6 Sí, pero _____

7 ¿ _____ ?

8 Sí, pero _____

79

Lee y escribe las frases.

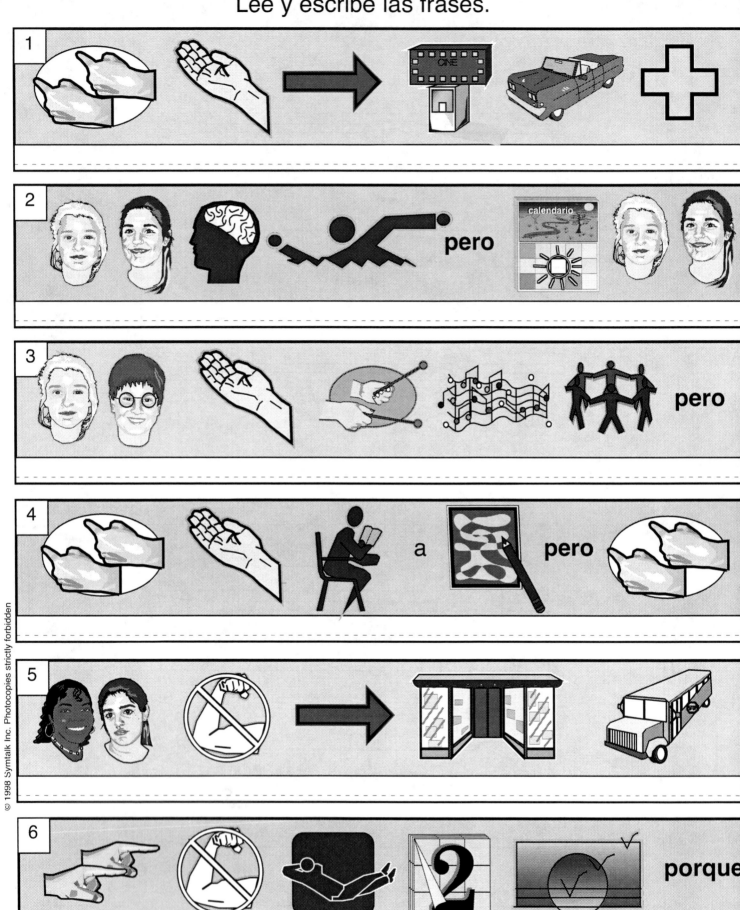

Lee y escribe las frases.

  **pero**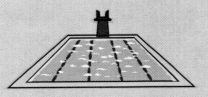

  **porque**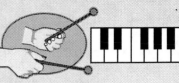

  **porque**

 **porque**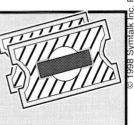

porque 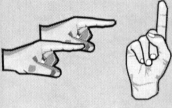   **para**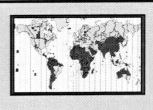

 de

81

¿Tocamos juntos?

Narrador: Son las cuatro. Las clases han terminado* ....*have ended

María está practicando el piano en la sala de música.

Pedro	¿Tocas el piano?
María	Sí. ¿Tocas la flauta?
Pedro	Sí. Toco la flauta.
María	¡Tengo una idea ! ....* an idea
Pedro	¿Qué es?
María	Carolina toca la guitarra. ¡Formamos una banda!
Pedro	Buena idea* ....* Good idea
María	Yo voy a buscar Carolina en el patio de recreo.
Narrador	Pedro encuentra a Carolina. Ella está jugando con sus amigos en el patio de recreo.
Pedro	¿Quieres tocar la música con María y yo?
Carolina	Sí. Pero tengo que regresar* a casa a las cinco. ....*return
Narrador	Pedro regresa con Carolina.
	Los tres amigos empiezan* a tocar sus instrumentos. .....* start
	La música es horrible* ....*horrible
	No tocan bien juntos.
María	¡Basta! ....*stop
Pedro	¿Por qué quieres parar?
María	No sabemos cómo tocar juntos.
Carolina	Tengo una idea. Jugamos al escondite*.
Pedro	Buena idea.
María	¡Me encanta jugar al escondite!
Narrador	Ellos van al patio de recreo.

*hide & seek

82

Completa las oraciones con la palabra correcta.

1   Pedro .... la flauta.

2   María está .... practicando ....

3   Carolina .... la ....

4   Son las .... de la tarde.

5   Carolina tiene que .... a .... a ....

6   Carolina .... en el ....

7   Los tres amigos .... a tocar.

8   La música es ....

9   Ellos no .... .cómo tocar juntos.

10 Ellos están en .... de música.

B   Forma oraciones completas.

Los amigos tocan juntos pero ....
....

Mará tiene una ....
Ellos forman ....

Los tres amigos juegan
.... porque no
....

C   Contesta las preguntas.

1   ¿Dónde está Carolina?
....

2   ¿Quién toca la guitarra?
....

3   ¿Cómo es la música?
....

escribir

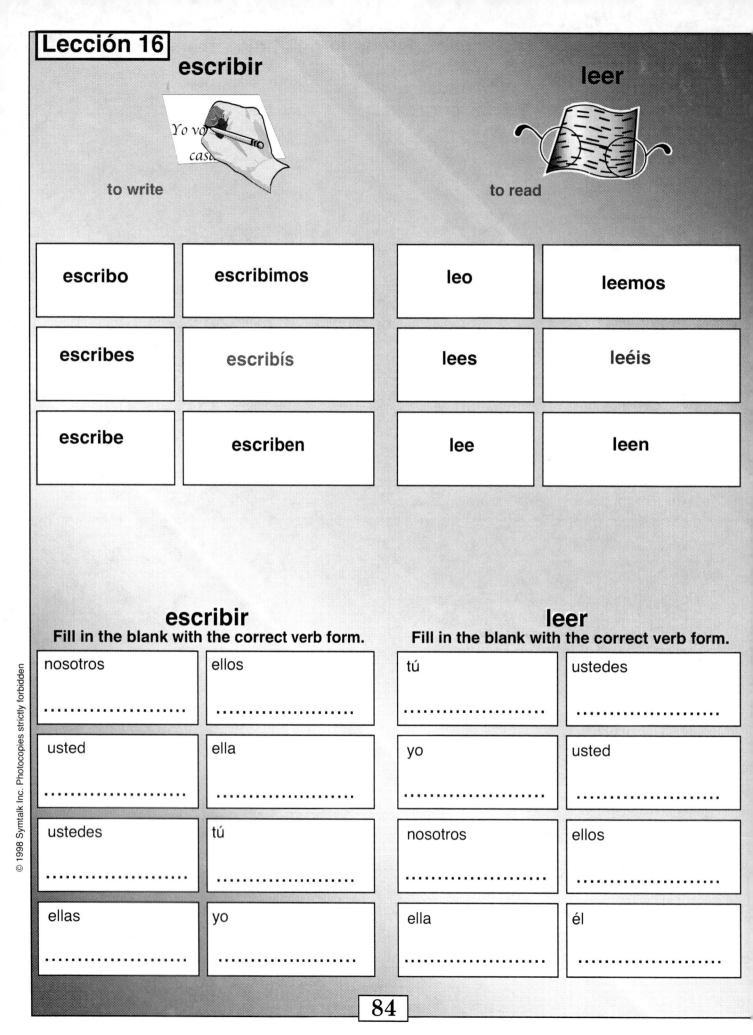

to write

leer

to read

escribo	**escribimos**	**leo**	**leemos**
escribes	escribís	**lees**	**leéis**
escribe	**escriben**	**lee**	**leen**

escribir
Fill in the blank with the correct verb form.

nosotros	ellos ....
usted	ella ....
ustedes	tú ....
ellas	yo ....

leer
Fill in the blank with the correct verb form.

tú	ustedes ....
yo	usted ....
nosotros	ellos ....
ella	él ....

Usamos **LEER & ESCRIBIR** con vocabulario nuevo.

una revista

un tebeo

un libro

una carta
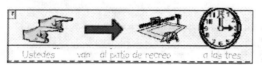

una nota
ir al cine
con Cristina
a las cuatro

una frase
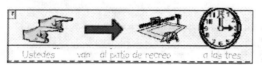

1
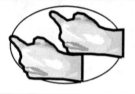  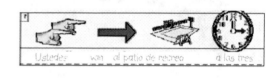

2
  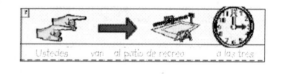

3

4

5

Lee y escribe las frases.

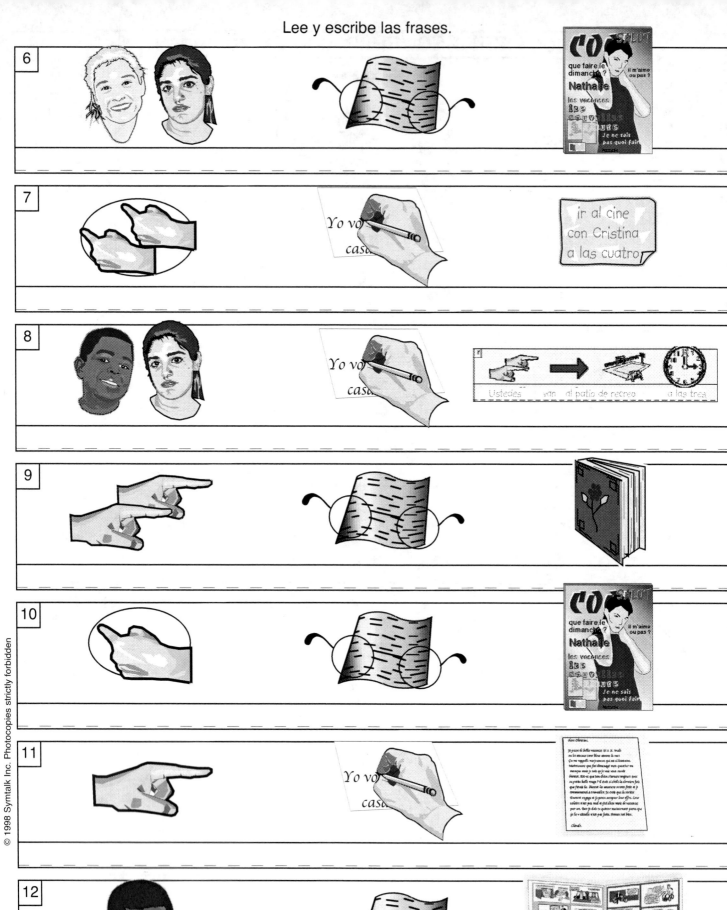

Lee y escribe las frases.

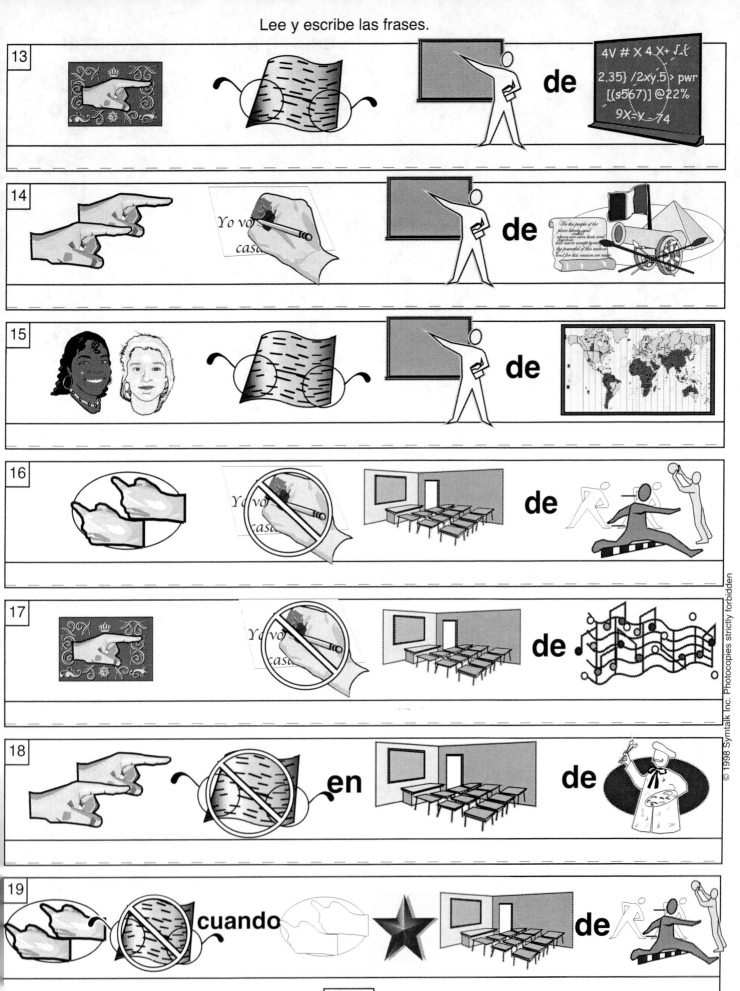

Imagine the dialogues using the verbs ESCRIBIR, LEER, IR and ESTAR.

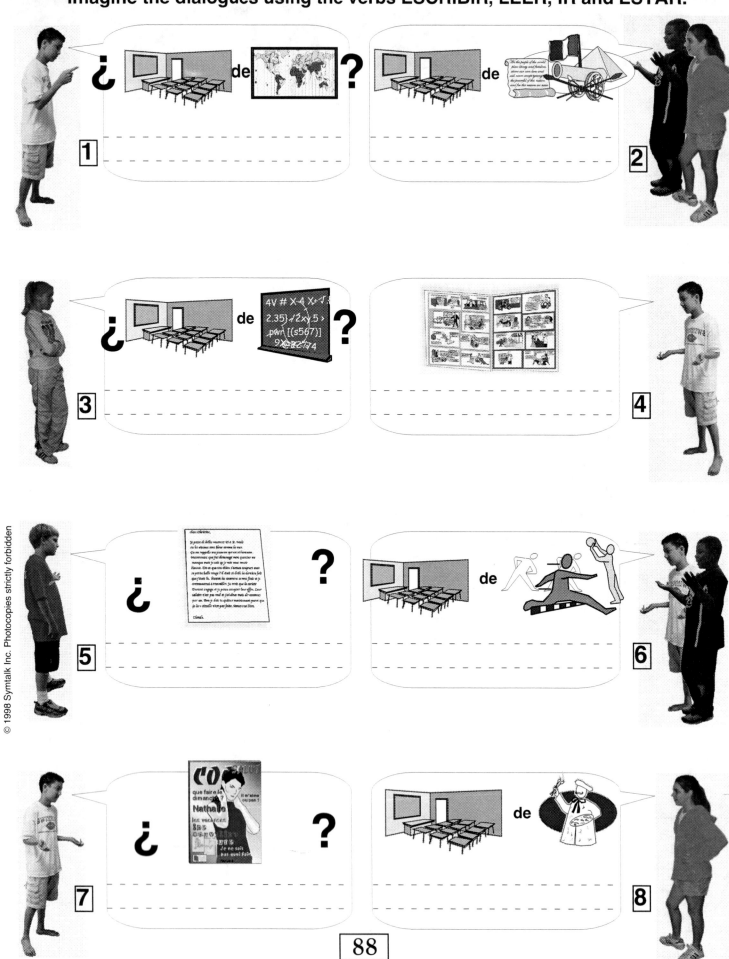

POLITE COMMANDS

You may have noticed that many of the instructions for exercises in this book are written in Spanish. One of them has been, "Lee y escribe las frases." The verbs *lee* and *escribe* are commands using the tú, or informal, form.

Polite commands are used with people whom you would address as *Ud.* or *Uds.* The way to form a polite command is:

1. Choose a verb	**hablar**	**comer**	**vivir**
2. Conjugate for first person singular (**yo**) form	**hablo**	**como**	**vivo**
3. Drop the final **-o**, add an **e** or **en** for an *-ar* verb			
or an **a** or **an** for an *-er* or *-ir* verb	**hable(n)**	**coma(n)**	**viva(n)**

The same form of the verb is used for negative commands.

A. Write the **Ud.** and **Uds.** command forms for each of the verbs below.

		Ud.	Uds.
Model:	tomar	tome	tomen
	escribir	_____	_____
	comer	_____	_____
	leer	_____	_____
	querer	_____	_____
	mirar	_____	_____
	escuchar	_____	_____
	deber	_____	_____
	aprender	_____	_____
	entender	_____	_____

B. Some verbs that you have learned are irregular or have irregular commands forms. Look at the **Ud.** command form for these verbs. Can you change them into the **Uds.** form?

		Ud.	Uds.
Model	ir	vaya	vayan
	tener	tenga	_____
	dar	dé	_____
	saber	sepa	_____
	estar	esté	_____
	tener	tenga	_____
	poder	pueda	_____

A. El Sr. Pérez no se sienta (feel) bien. ¿Qué debe (o no debe) hacer para estar mejor?

Modelo: beber jugo de naranja
Sr. Pérez, beba jugo de naranja.

1. ir a la cama

2. no jugar al fútbol

3. no trabajar (work) mucho

4. tomar sopa (soup)

B. Imagina que eres el profesor o la profesora de la clase. ¿Cuáles (which) mandatos (orders) das a las clase?

Modelo: hablar español   *Hablen Uds. español.*

1. llegar a tiempo

2. leer la lección

3. escuchar en clase

4. llevar los libros a clase

5. no leer un tebeo en clase

C. Translate the following commands in Spanish into the Ud. & Uds. forms.

1. Look.
2. Listen.
3. Write a letter.
4. Go to school.
5. Drink the milk.
6. Bring your backback.

90

¿A QUÉ HORA?

a la una

a las dos

a las tres

a las cuatro

a las cinco

a las seis

a las siete

a las ocho

a las nueve

a las diez

a las once

a las doce

1.......uno	11.....once	21.....veintiuno
2.......dos	12.....doce	22.....veintidós
3.......tres	13.....trece	23.....veintitrés
4.......cuatro	14.....catorce	24.....veinticuatro
5.......cinco	15.....quince (**y cuarto**)	25.....veinticinco
6.......seis	16.....dieciséis	26.....veintiséis
7.......siete	17.....diecisiete	27.....veintisiete
8.......ocho	18.....dieciocho	28.....veintiocho
9.......nueve	19.....diecinueve	29.....veintinueve
10.....diez	20.....veinte	30.....treinta (**y media**)

31.....treinta y uno	41.....cuarenta y uno	51.....cincuenta y uno
32.....treinta y dos	42.....cuarenta y dos	52.....cincuenta y dos
33.....treinta y tres	43.....cuarenta y tres	53.....cincuenta y tres
34.....treinta y cuatro	44.....cuarenta y cuatro	54.....cincuenta y cuatro
35.....treinta y cinco	45.....cuarenta y cinco	55.....cincuenta y cinco
36.....treinta y seis	**(menos cuarto)**	56.....cincuenta y seis
37.....treinta y siete	46.....cuarenta y seis	57.....cincuenta y siete
38.....treinta y ocho	47.....cuarenta y siete	58.....cincuenta y ocho
39.....treinta y nueve	48.....cuarenta y ocho	59.....cincuenta y nueve
40.....cuarenta	49.....cuarenta y nueve	60.....sesenta
	50.....cincuenta	

Read the following times on the digital clocks.

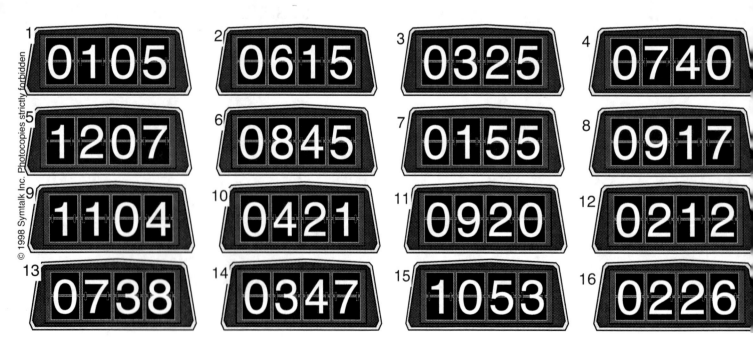

¿Te gusta ver la televisión?

Canal + **CANAL+**

8.00 **Redacción.** Noticias.
8.05 **ABC World News.**
8.30 **Robinson Sucroe.** (Dibujos).
8.55 **Redacción.** Noticias.
9.00 **Buenos días, buenos clips.**
9.25 **Fútbol mundial.**
9.52 **Redacción.** Noticias.
10.00 **Cine (c).**
  «¿A quién ama Gilbert Grape?» ★★★
11.55 **Cine (c).**
  «Cuidado con la familia Blue» ★★
13.30 **Búscate la vida.** (Teleserie).
14.00 **Los 40 principales.**
14.25 **Más deporte.**
14.55 **Redacción.** Noticias.
15.00 **Documental (c).**
15.51 **Cine (c).**
  «Mano a mano con papá» ★★
17.35 **N.B.A. (c).** Boston Celtics-Orlando Magic.
19.30 **Programa más o menos multiplicado o dividido (c).** (Programa infantil).
20.00 **Avance.** Redacción.
20.05 **El mundo de Dave.** (Teleserie).
20.30 **Lo + plus.**
21.30 **Redacción.** Noticias.
21.53 **Información deportiva.** «Contrarreloj».

Biran Bonsall, un chico de once años, se encuentra un «Cheque en blanco» en esta entretenida comedia

22.00 Estreno Canal +

«CHEQUE EN BLANCO»

Director: Rupert Wainwright. **Intérpretes:** Biran Bonsall, Karen Duffy, Miguel Ferrer, Tone Loc, Jayne Atkinson. Color. 1994. Noventa y tres minutos.
  Al chocar contra el Jaguar de un estafador llamado Quigley, Preston, un chico de once años, ve como su bicicleta queda reducida a un montón de chatarra. Para indemnizarle por los daños, Quigley, le firma un cheque pero, con las prisas, lo deja sin rellenar.
  COMEDIA ★★

23.32 **Cine (c).**
  «Ni un pelo de tonto» ★★★
1.20 **Cine (c).**
  «Días contados» ★★★
2.53 **Cine (c).**
  «Sólo el más fuerte» ★
4.30 **Transworld Sport.**
5.22 **Cine (c).**
  «Muerte de un policía» ★★
7.01 **Documental (c).**

A. Look at the TV viewing guide on the left.
Did you notice that the afternoon and evening times do not show 1pm, 2pm, etc? Instead, the time is listed on a 24-hour clock rather than a 12-hour cycle.
What would the time be for a program listed at 15.00? 17.30? 21.00?

B. Answer *cierto* or *falso* to the following statements based on the viewing guide.

1. *Robinson Sucroe* empieza (begins) a las ocho y media.

2. *Información deportiva* empieza a las cinco de la tarde.

3. *Búscate la vida* empieza a las dos y media.

C. Contesta las oraciones.
1.¿A qué hora empieza (begin) *Fútbol mundial*?

2.¿A qué hora empieza *El mundo de Dave*?

3. ¿A qué hora empieza la película *Cheque en blanco*?

D. Tu programa favorita.
¿Cuál (*what*) es tu programa favorita de televisión? ¿A qué hora empieza? ¿Qué día sale (*is it aired*) en la televisión?

Lee y escribe las frases.

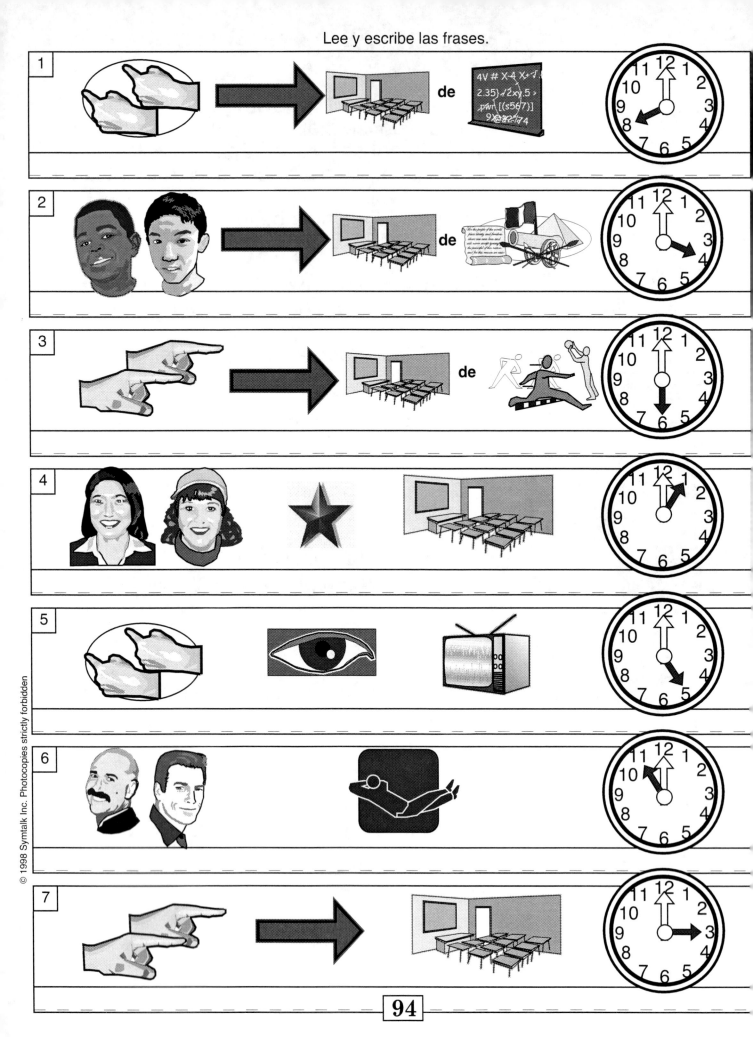

tomar

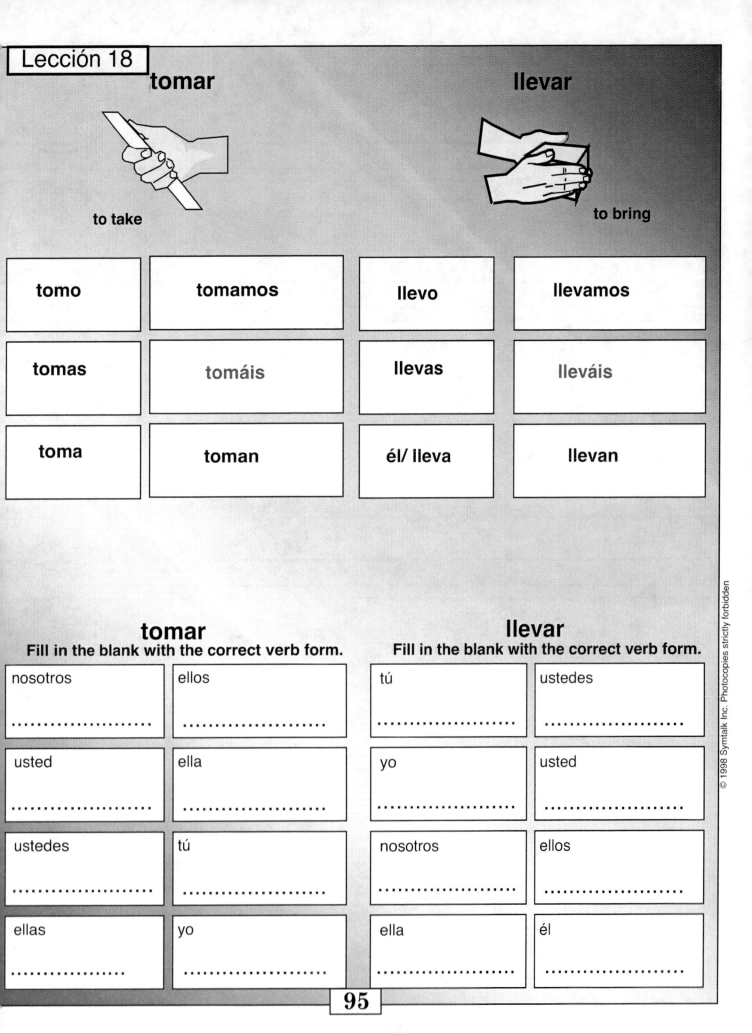

to take

llevar

to bring

tomo	tomamos
tomas	tomáis
toma	toman

llevo	llevamos
llevas	lleváis
él/ lleva	llevan

tomar
Fill in the blank with the correct verb form.

nosotros	ellos
....	....
usted	ella
....	....
ustedes	tú
....	....
ellas	yo
....	....

llevar
Fill in the blank with the correct verb form.

tú	ustedes
....	....
yo	usted
....	....
nosotros	ellos
....	....
ella	él
....	....

Lee y escribe las frases.

1.

_____

2.

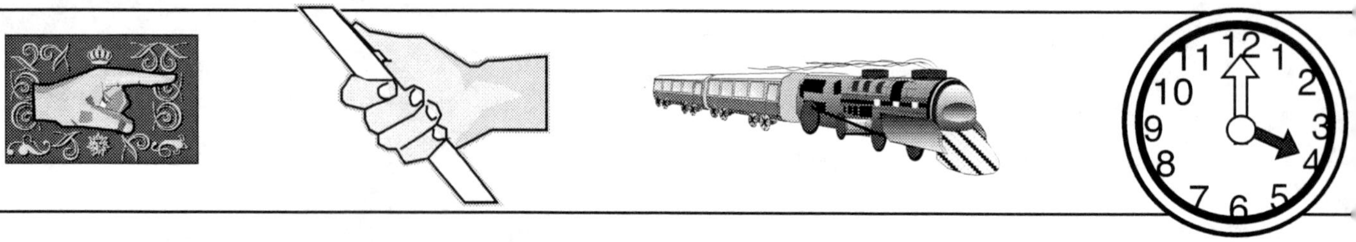

_____

3.

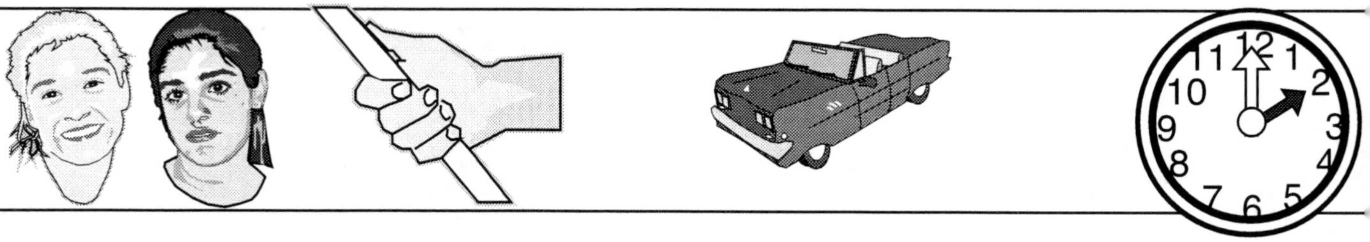

_____

4.

_____

5.

_____

6.

_____

7.

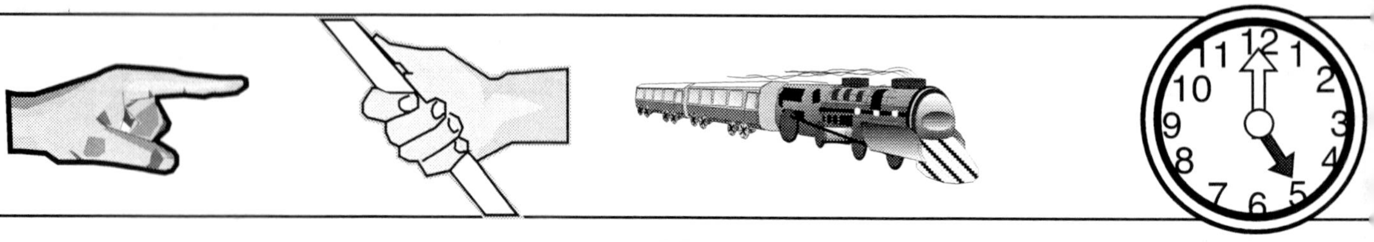

_____

Lee y escribe las frases.

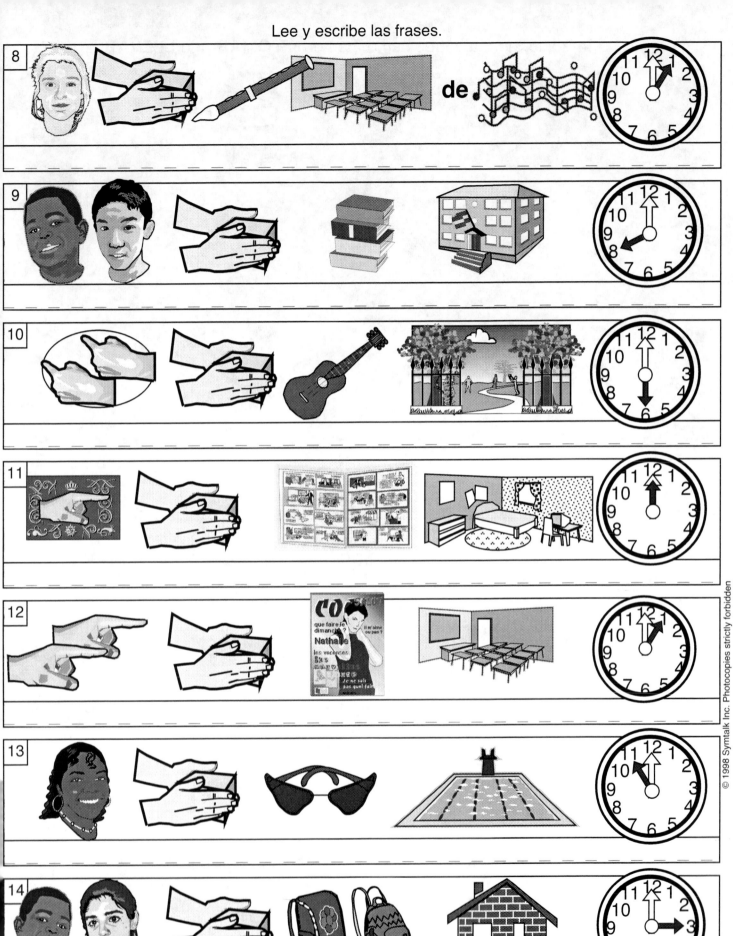

Imagine the dialogues using the verbs TOMAR and LLEVAR

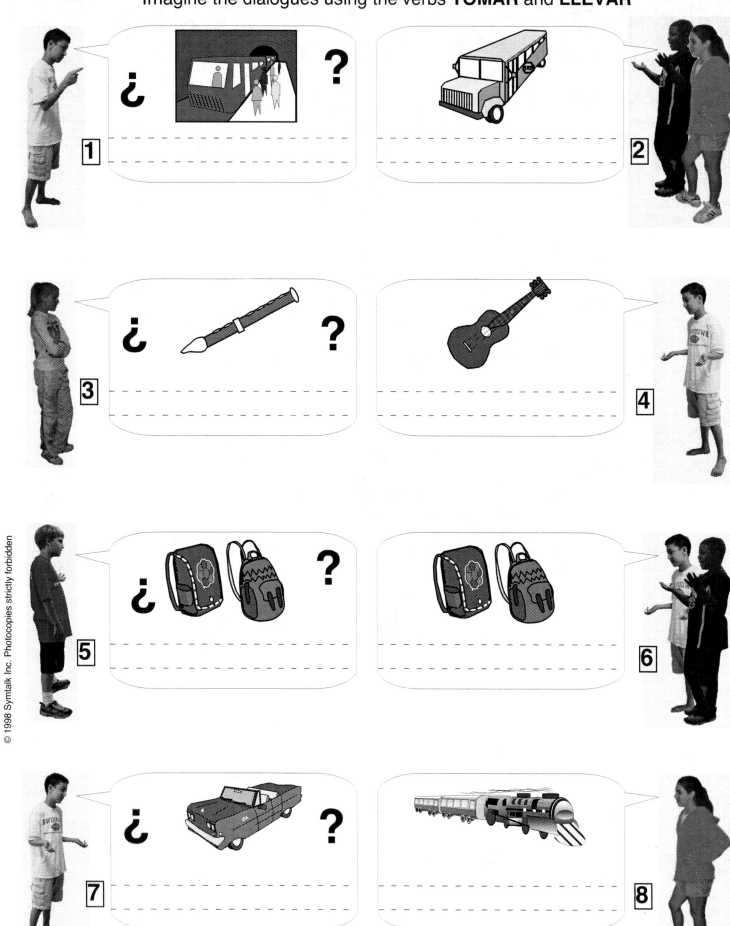

llevar

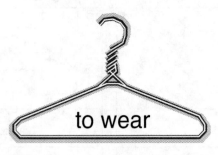

to wear

llevo   **llevamos**

llevas   **lleváis**

lleva   **llevan**

1  unos pantalones cortos	2  una camiseta	3  un traje de baño	4  unas sandalias	5  unos guantes
6  un suéter	7  unos zapatos de tenis	8  unas gafas de sol	9  unos zapatos	10  un impermeable
11  un sombrero	12  una gorra un gorro	13  un paraguas	14  una bufanda	15  unas botas
16  un traje atlético	17  una falda	18  un vestido	19  una camisa	20  unos pantalones

© 1998 Symtalk Inc. Photocopies strictly forbidden

Lee y escribe las frases.

1.

2.

3.

4.

5.

6.

7.

8.

9.

10.

11.

12.

13.

14.

Oral exercise. Describe what these people are wearing.

llevar / no llevar

Lee y escribe las frases.

1 cuando ☀️ yo 👕🧢

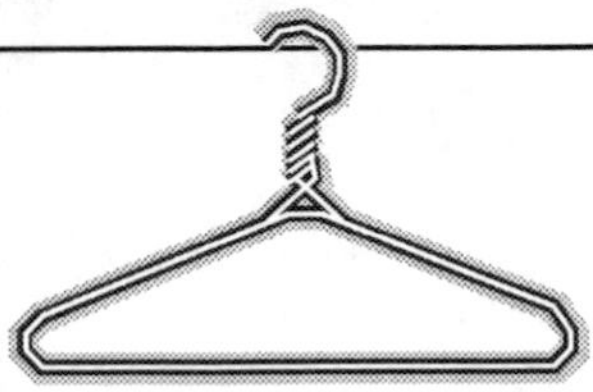

2 cuando  🌤️ tú 🧥

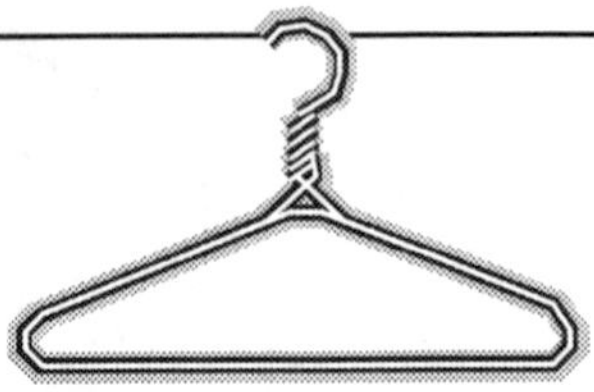

3 cuando  ☀️ él 🩳

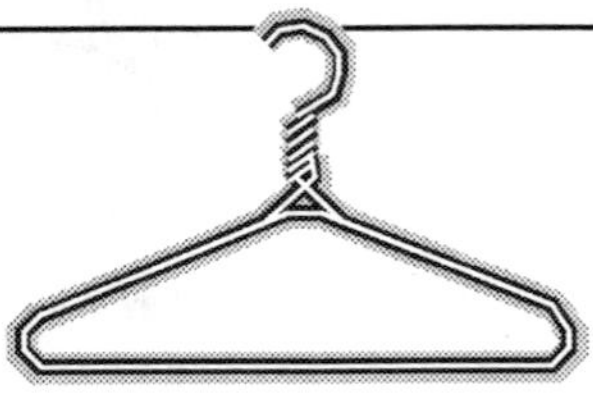

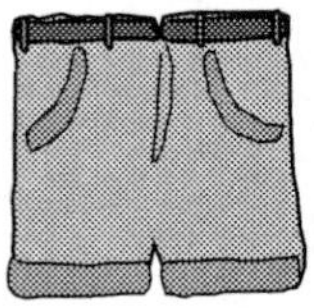

4 cuando  🌧️ ella ☂️

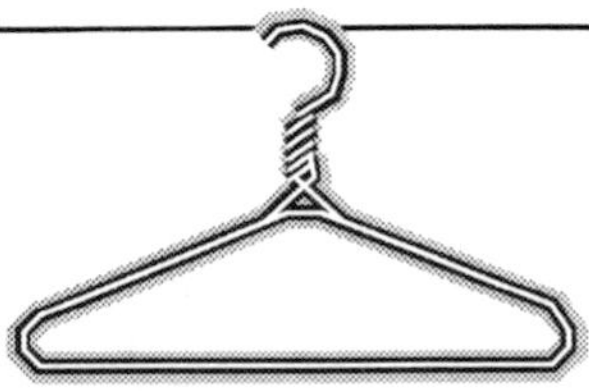

5 cuando  ☃️ nosotros 🧣

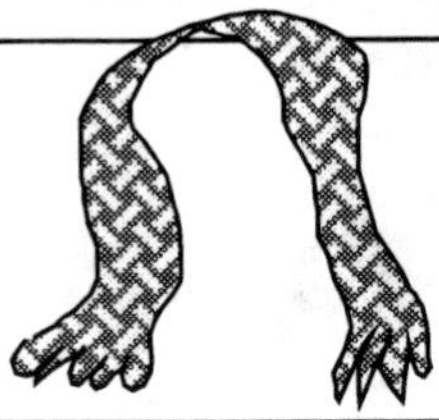

6 cuando  ☀️ ustedes 🩳

7 cuando  ☀️ ellos 👕

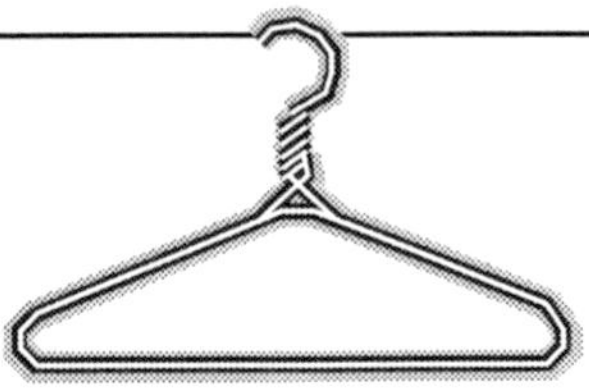

llevar / no llevar   Lee y escribe las frases.

8 | *cuando*  usted

9 | *cuando*  tú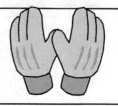

10 | *cuando*  ellas

11 | *cuando*  ustedes

12 | *cuando*  nosotros

13 |  él

14 | 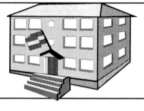 ellos

llevar / no llevar

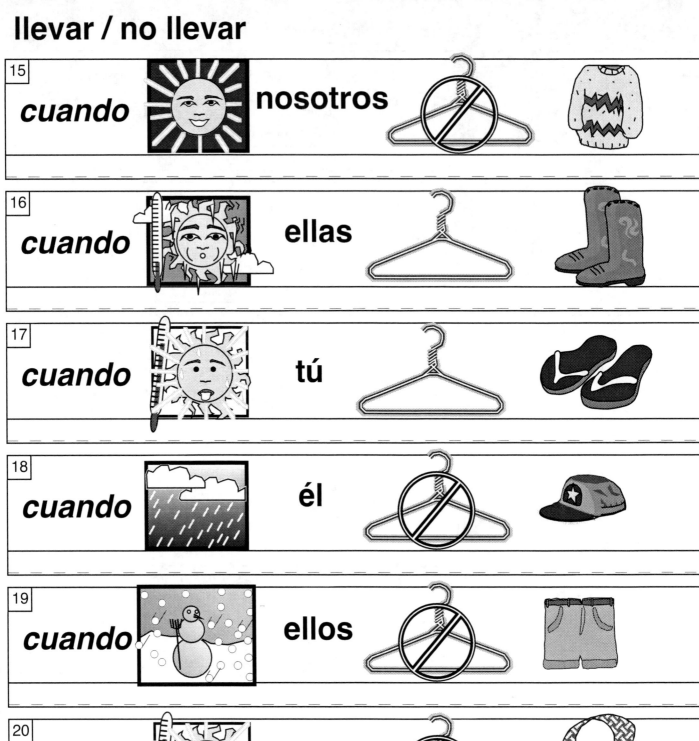

15 cuando nosotros

16 cuando ellas

17 cuando tú

18 cuando él

19 cuando ellos

20 cuando ustedes

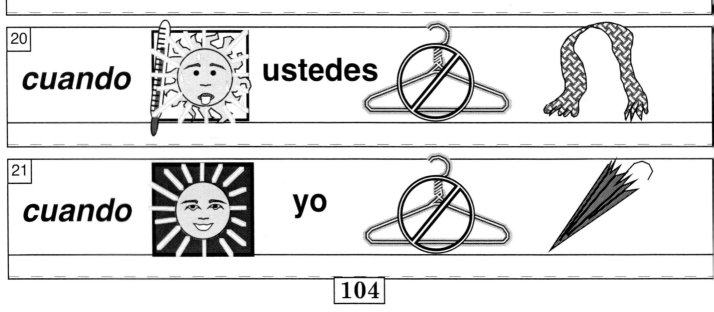

21 cuando yo

For each dialogue, provide questions in the **negative** and answers with the **"Sí"** affirmation.

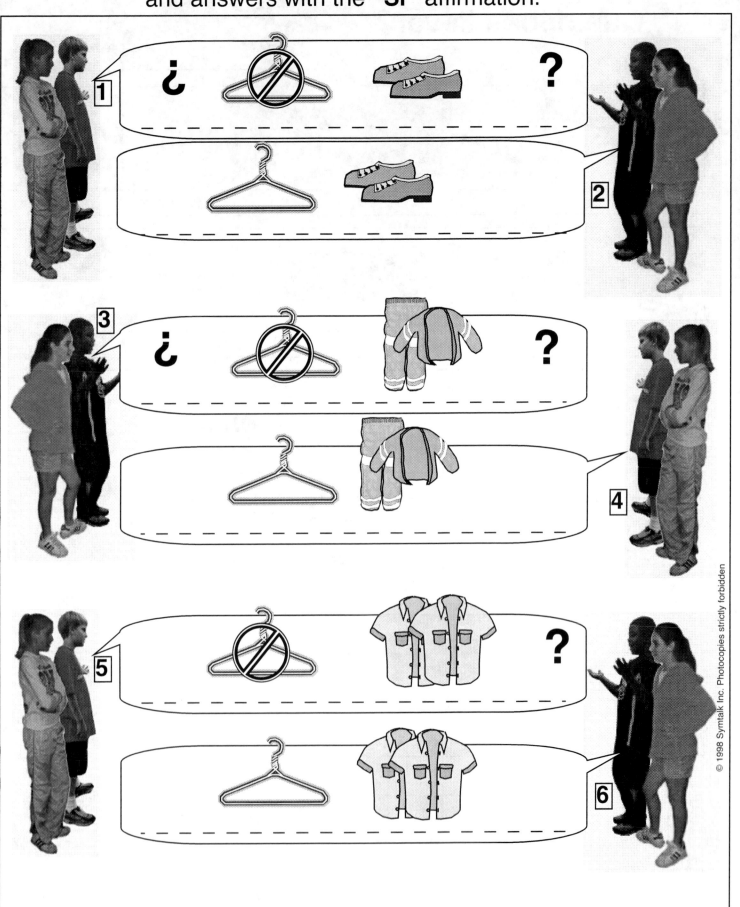

¿Qué debes llevar?

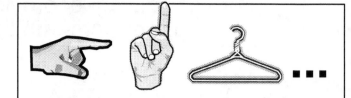

1
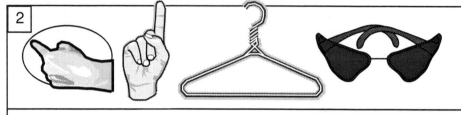 *cuando*

2
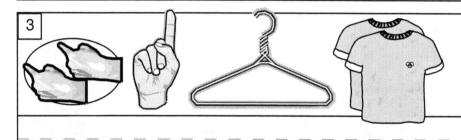 *cuando*

3
 *cuando*

4
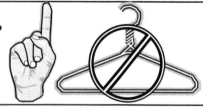 *cuando*

5
 *cuando*

6
cuando

Lección 20

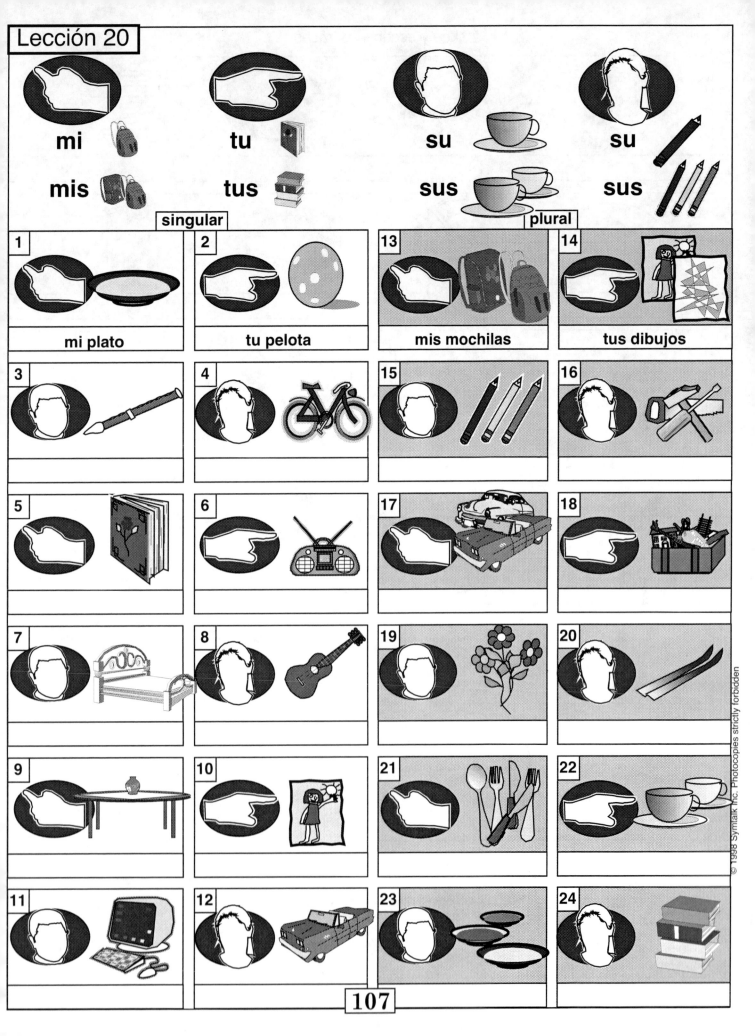

mi

mis

tu

tus

su

sus

su

sus

singular

plural

1 mi plato	**2** tu pelota	**13** mis mochilas	**14** tus dibujos
3	**4**	**15**	**16**
5	**6**	**17**	**18**
7	**8**	**19**	**20**
9	**10**	**21**	**22**
11	**12**	**23**	**24**

Lee y escribe las frases.

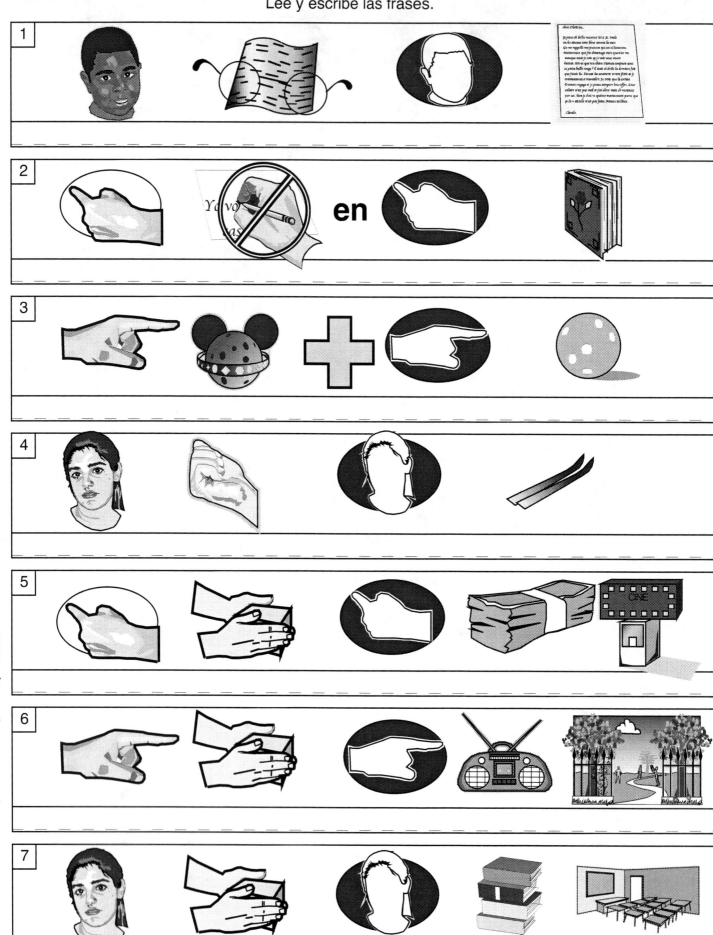

nuestro	nuestros	nuestra	nuestras

nuestro libro masculine singular	nuestros libros masculine plural	nuestra mochila feminine singular	nuestras mochilas feminine plural

A 	B 	C 	D 
nuestro juguete	nuestros juguetes	nuestra casa	nuestras casas

Fill in the correct form of *nuestro* (a / os / as) and the name of the object.
Follow the models above.

1 	6 	11 	16 
2 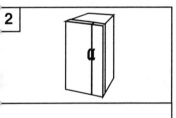	7 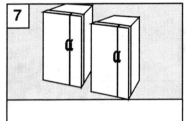	12 	17 
3 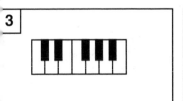	8 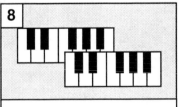	13 	18 
4 	9 	14 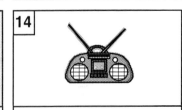	19 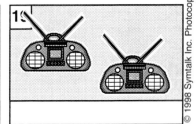
5 	10 	15 	20 

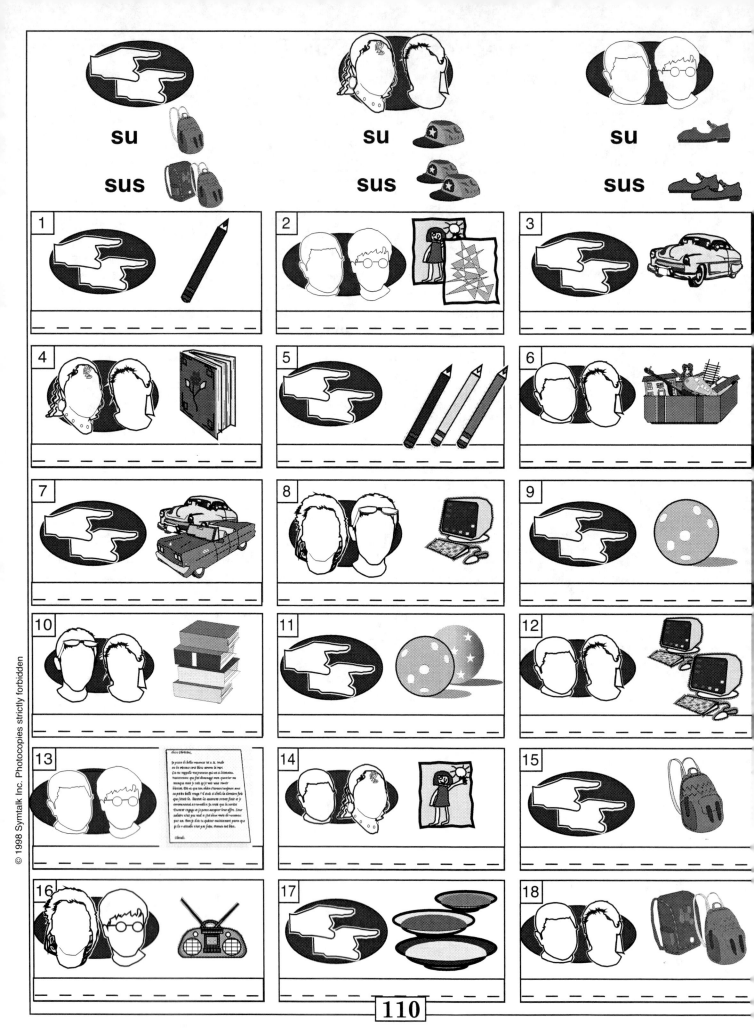

Write the sentences using the **Ud.** or **Uds.** command form based on the pictures.

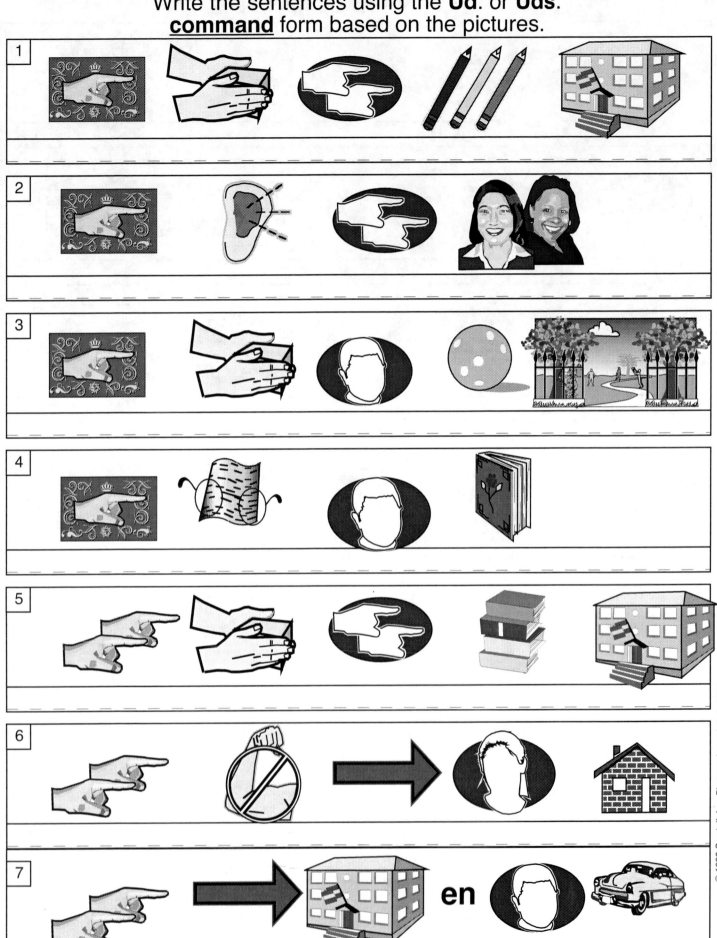

Lee y escribe las frases.

1.   **en**

2. 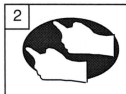  **en**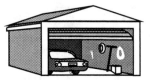

3.   **en**

4.    **en**

5.   **en**

6.   **en**

7. 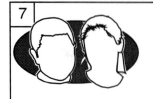  **en**

SER

SER is another way of saying "TO BE" in Spanish.
It is used when we want to describe something that doesn't change,
like to be American, tall, intelligent or someone's relative.

1. yo soy
2. tú eres
3. él es
4. ella es
5. usted es
6. nosotros somos
7. vosotros/as sois — ustedes son
8. ellos son
9. ellas son
10. ellos son

Fill in the blank with the correct form of the verb "SER"

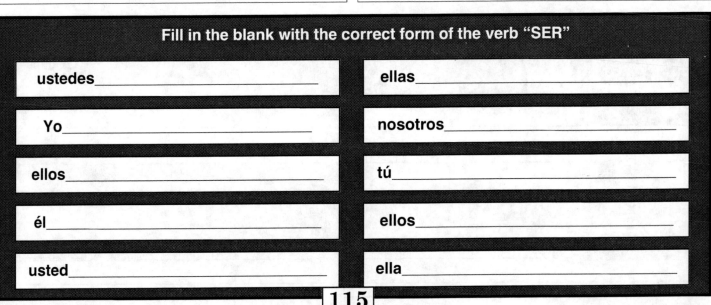

ustedes_____

Yo_____

ellos_____

él_____

usted_____

ellas_____

nosotros_____

tú_____

ellos_____

ella_____

¿Quién? Who?

Lee y escribe las frases (refiere a la página 113).

1. de

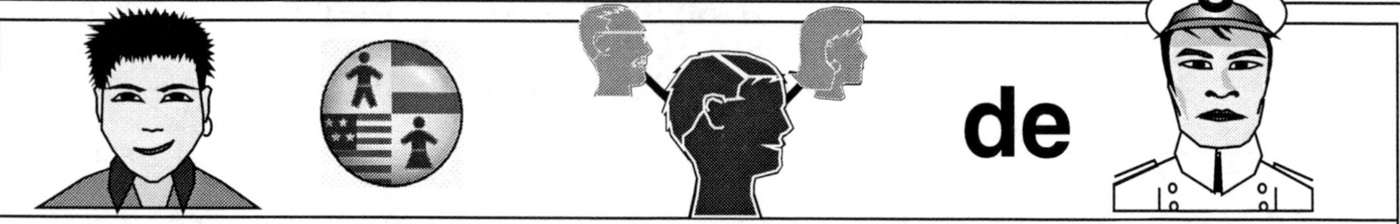

2. de

3. de

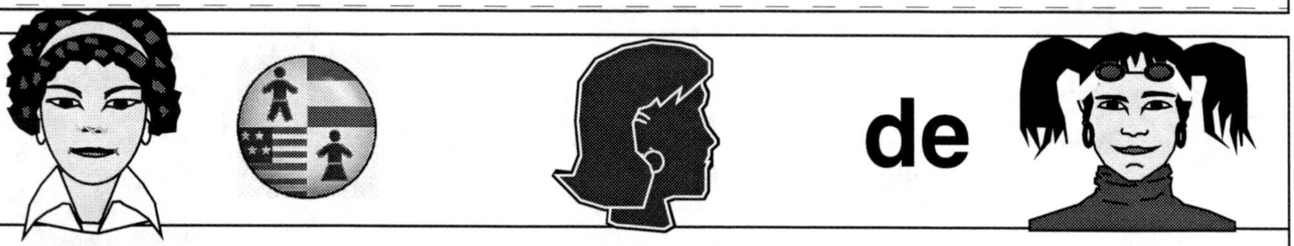

4. de

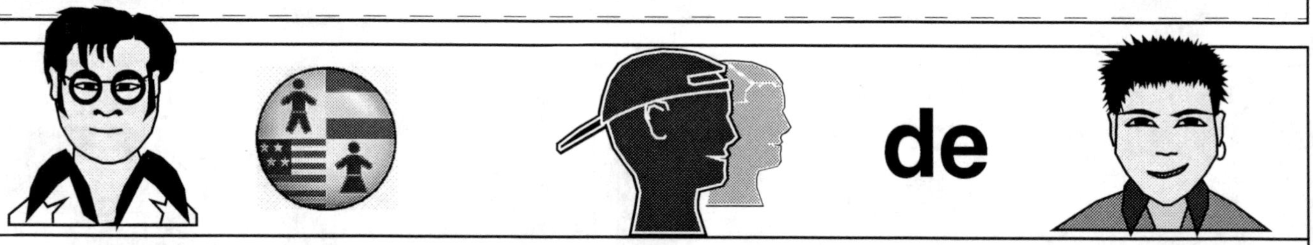

5. de

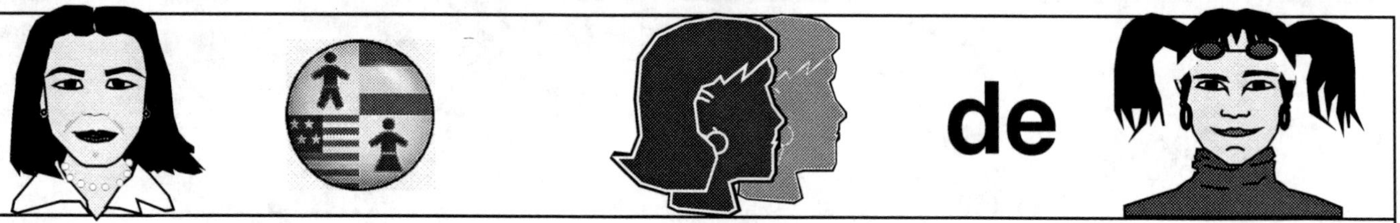

6. de

7. de

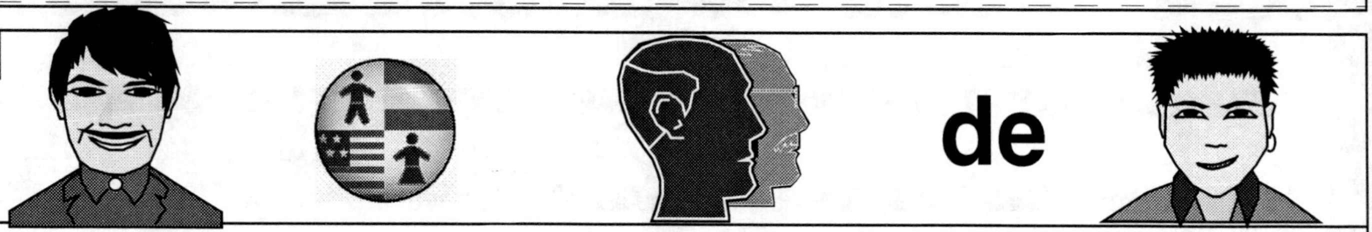

Lee y escribe las frases (refiere a la página 113).

Lee y escribe las frases.

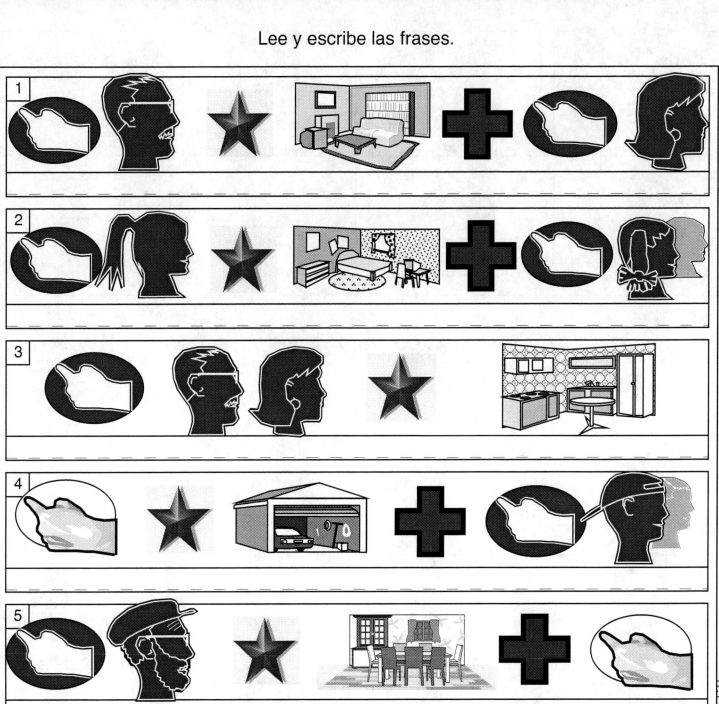

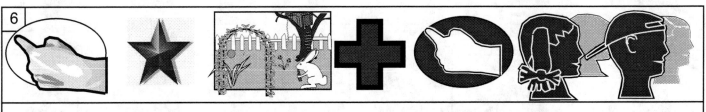

España

Centroamérica

Suramérica

Los Estados Unidos

paciente

tímido / tímida

bajo / baja

alto / alta

Lee y escribe las frases.

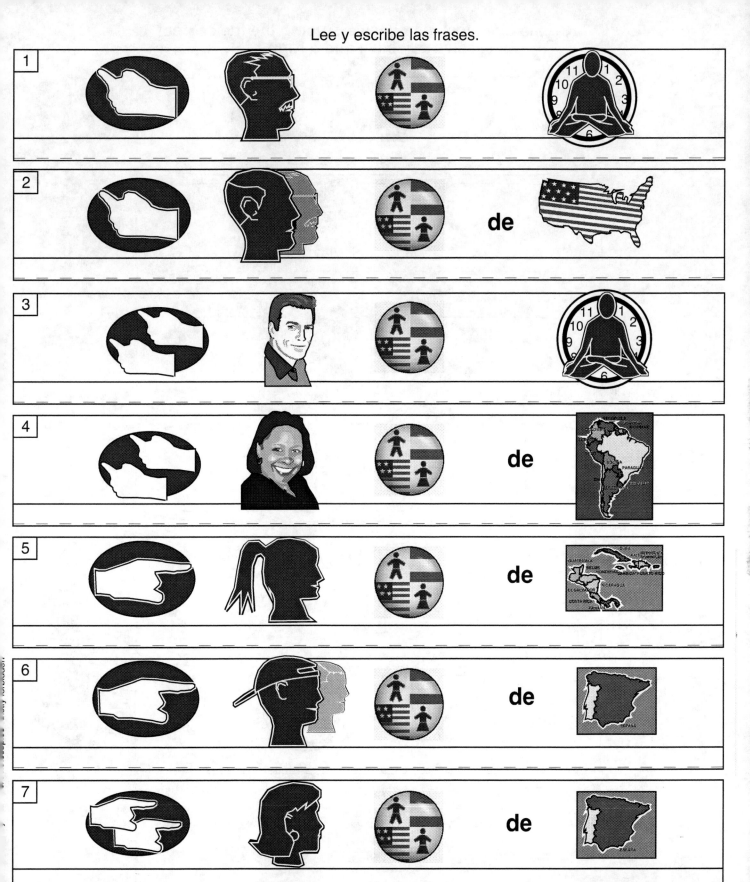

Create questions and answers using the the correct possessive adjective and a form of SER.

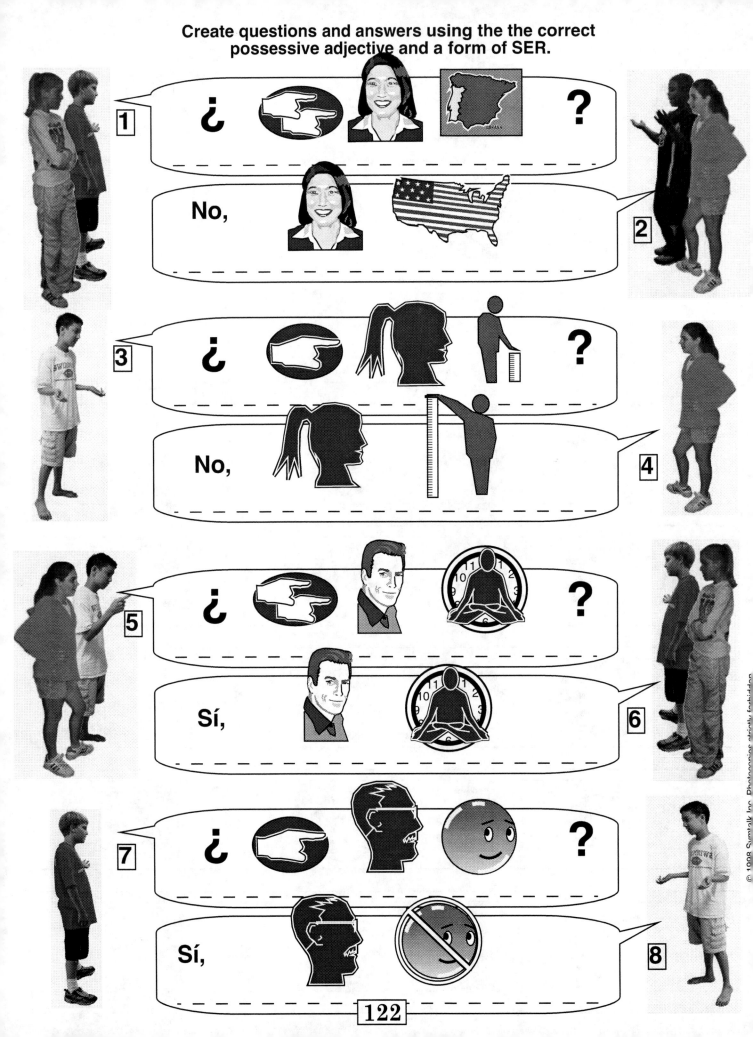

Lee y escribe las frases.

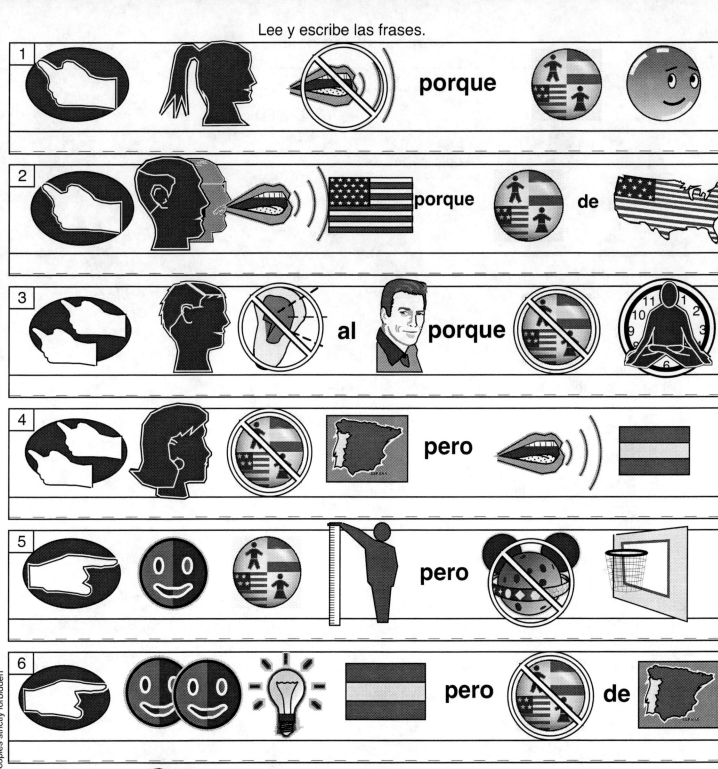

Características físicas

¿CÓMO ES?

Ella tiene
el pelo negro.

Ella tiene
el pelo rubio.

Ella tiene
pecas.

**La profesora
Chong**

**La profesora
Graham**

Él es pelirrojo.

Él tiene
una barba.

Él tiene
el pelo moreno.

El director (principal) Williams

Él lleva gafas.

Él es calvo.

Él tiene
un bigote.

**El profesor
Martinez**

**El profesor
Smith**

1. Contesta las preguntas seguientes:
¿Quién tiene el pelo rubio?
¿Quién tiene el pelo moreno?
¿Quién es calvo?

2. *Adivina adivinanza:*
Your teacher will describe someone in your class. Listen carefully to the clues.
Raise your hand when you think you know the answer.

3. ¿Cómo son tus profesores?
Choose a teacher from your school. Write a few sentences
describing him or her. Share your description with the class
and have them guess who it is.

Let's compare.

Miguel **Natalia** **Cristina**
15 años **13 años** **12 años**

más/menos + adjective + que

el / la + más + adjective
el / la + menos + adjective

A. Taller, shorter. We can compare characteristics such as height by using the expression "más ... que " or "menos ... que". Por ejemplo, *Pablo es menos alto que Isabel.*

State aloud a sentence comparing the height for each of the following pairs:
1. Miguel y Natalia
2. Cristina y Natalia
3. Miguel y Cristina

B. Tallest, shortest. To talk about the tallest we use the formula:
   el / la + más + alto/a.
What formula do you think you would you use to say "the shortest"? Look at the photo above.
¿Quién es el /a más alto/a del grupo?   ¿Quién es el/la más bajo/a del grupo?

C. Most, least. We can use the same formula *el / la + más/ menos + adjective* to talk discuss who is the most patient, the most shy, the biggest, the smallest, and many other characteristics.

Now answer the following questions:
1. ¿Quién es el/a más alto/a de tu clase?
2. ¿Quién es el/la más bajo/a de tu clase?
3. ¿Quién el/la menos paciente de tu familia?
4. ¿Quién es el/a más tímido/a de tu familia?

---

mayor / menor que
el/a mayor
el/a menor

D. Older, younger. To compare people's ages, we use the words **mayor** (older) and **menor** (younger).
   For example,   *Mi hermano es mayor que mi hermana.*

If we want to say "the oldest" or "the youngest" we use the expressions: *el / la mayor*
                                                                                    el / la menor

Look again at the photo above. Contesta las preguntas:
1. ¿Quién es mayor que Natalia?
2. ¿Quién es menor que Miguel?
3. ¿Quién es el/la mayor?
4. ¿Quién es el/la menor?

La carta de Cristina

de vacaciones

visitar

Querida Natalia,

Nosotros estamos de vacaciones en España. Hace sol todos los días. Hoy es lunes y vamos a la playa para hacer un castillo de arena. Mi hermana Sofía aprende a nadar y ella nada todos los días. Mañana vamos a visitar un castillo. Mi primo Daniel juega al volibol con sus amigos. Mañana, martes, es su cumpleaños y hacemos una tarta para la fiesta. Mi hermano Sergio tiene un barco pequeño* y viene el miércoles para pescar. A mí no me gusta pescar porque no soy paciente. El jueves nosotros hacemos un picnic a la playa. Tú puedes venir si quieres porque tenemos una casa grande*. Ahora voy al mercado a comprar cosas* para la fiesta y el picnic.

Un abrazo,

Cristina

un barco

pescar

hacer
un castillo de arena

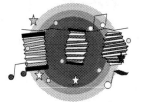

hacer una fiesta

hacer un picnic

hacer una tarta

*Querida..............dear
*días....................days
*todos los días....every day
*pequeño.............little
*grande...............big
*cosas.................things

el mercado

Completa el párrafo con las palabras correctas.

Cristina .... de vacaciones en .... Hace sol ....los días.
Hoy es .... y .... a la ...... para hacer un .... de arena. Su
.... Sofía .... a nadar y ella .... todos los ....
ellos .... a visitar un .... Su primo .... juega al ....
con sus .... Mañana, ..., es su .... y hace una
.... para la .... Su .... Sergio tiene un ....
pequeño y viene el miércoles para .... A ella no le ....
pescar porque no es .... El jueves ellos .... un picnic a
la playa. Natalia .... venir si quiere porque ellos .... una
casa .... Ahora ella .... al .... a .... cosas para la
.... y el picnic.

1   ¿Dónde está Cristina?
....
2   ¿Qué hace en España?
....
3   ¿Qué hace hoy ella?
....
4   ¿Cuándo van a visitar el castillo?
....
5   ¿Quién llega el miércoles ?
....
6   ¿Por qué hace una tarta?
....
7   ¿Qué van a hacer el jueves?
....
8   ¿Cómo es la casa de Cristina?
....
9   ¿Adónde va Cristina para comprar cosas?
....
10   ¿Para qué compra cosas?
....

La carta de Cristina

A

B

C

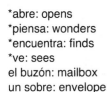
D

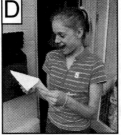
E

F

G

*abre: opens
*piensa: wonders
*encuentra: finds
*ve: sees
el buzón: mailbox
un sobre: envelope

Match the pictures above with these sentences

1 Natalia abre* la carta.. ☐

2 Cristina piensa* en qué quiere decir.............................. ☐

3 Natalia encuentra* un sobre* en el buzón*............ ☐

4 Natalia empieza a leer la carta..................................... ☐

5 Natalia ve que es una carta de Cristina....................... ☐

6 Natalia está contenta.. ☐

7 Cristina empieza a escribir... ☐

¿Qué hacemos durante las vacaciones?
Match these pictures with the activities listed below.

1

2

3

4

5

6

7

A ir a la playa.........#............

B bailar...................#............

C esquiar................#............

D ir al mercado......#............

E escalar...........................#............

F visitar palacios............#............

G ir a las ferias.............#............

128

HACER

hago   hacemos
haces   hacéis
hace   hacen

un castillo de arena

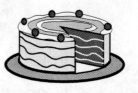

la fiesta

un picnic

una tarta / un pastel

1	

2	

3	

4	

5	

6	

7	

8	

9	

10	

11	

12	

Las vacaciones

esquiar

esquío	**esquiamos**
esquías	esquiáis
esquía	**esquían**

escalar

escalo	**escalamos**
escalas	escaláis
escala	**escalan**

visitar

visito	**visitamos**
visitas	visitáis
visita	**visitan**

pescar

pesco	**pescamos**
pescas	pescáis
pesca	**pescan**

comprar

compro	**compramos**
compras	compráis
compra	**compran**

navegar

navego	**navegamos**
navegas	navegáis
navega	**navegan**

preferir

prefiero	**preferimos**
prefieres	preferís
prefiere	**prefieren**

1

2

3

4

5

6

7
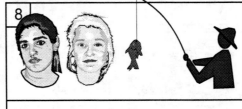

8
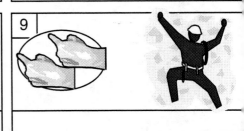

9

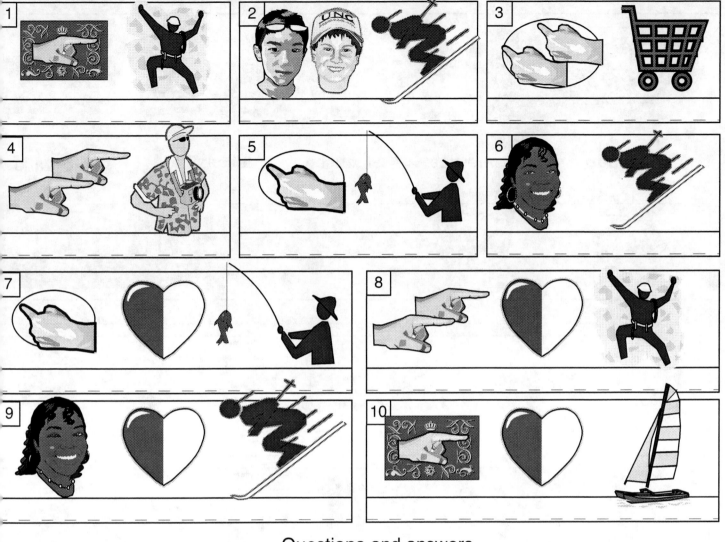

Questions and answers.

¿Les gusta ... ?   No, preferimos...

al mercado	recuerdos	el museo	el castillo	la montaña

Fill in the blanks

Dos turistas en Madrid

el mapa

Narrador: Jose  .... el primo de Miguel.

Ellos .... de vacaciones en Madrid.

 .... y ellos están ....

Ellos .... un mapa pero no saben donde están.

.... quieren ir al ....

José quiere .... si deben  .... el metro.

José no .... el mapa.

Miguel: ¿Puedo .... el mapa ?

José: Si tú ....

Narrador: Miguel mira el ....

José: ¿Debemos tomar el metro o ....tomar el ....?

Narrador: Miguel se ríe.

Miguel: ¡Ja ja ja!

José: ¿Por qué ríes?

Miguel: Yo río porque queremos .... al museo y

 .... aquí. Mira, el museo está aquí !

133

Dos turistas en Madrid

Questions

1 ¿Dónde están José y Miguel?

....

2 ¿Qué hacen en Madrid ?

....

3 ¿Llueve hoy?

....

4 ¿Cómo están ellos?

....

5 ¿Qué tienen ellos ?

....

6 ¿Adónde quieren ir?

....

7 ¿Qué quiere saber José?

....

8 ¿Quién no entiende el mapa?

....

9 ¿Quién se ríe?

....

10 ¿Cómo pueden ellos ir al museo?

....

En el museo...

Carlos
María Isidro

María Josefa

María Isabel

María Luisa

Carlos IV

Carlos Luis

Fernando

Francisco de Paula

María Luisa
Josefina

Francisco Goya (1746-1828) was a famous Spanish painter. As a court painter to King Charles IV of Spain (1748-1808), he painted the above portrait entitled *La familia de Carlos IV*. It hangs in the Museo Nacional del Prado in Madrid, Spain.

A. Look at the painting. Now read the sentences and fill in the blank with the most logical word.

mayor	alto	bajo	alta	menor

1. Carlos IV es más .... que Fransisco de Paula.
2. Carlos Luis es .... pero María Luisa Josefina es alta.
3. Fernando es .... que María Isabel.
4. Carlos María Isidro es .... que María Luisa.
5. María Isabel es más .... que Francisco de Paula.

B. How do you think these people are related? Fill in the blank.
1. Yo creo que (*I believe that*) Carlos IV es el .... de Francisco de Paula.
2. Yo creo que María Josefa es la .... de Carlos IV.
3. Yo creo que Fernando es el .... de María Luisa.
4. Yo creo que María Luisa Josefina es la .... de Carlos Luis.
5. Yo creo que María Isabel es la .... de Carlos María Isidro.

C. Draw the family tree for the royal family and compare your work with a classmate. Did you guess the same relationships? When you discuss your trees, use the model: *¿Quién crees es el padre?*

Las estaciones del año

la primavera   **el verano**   **el otoño**   **el invierno**

Begin each sentence with "Durante"

1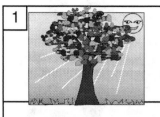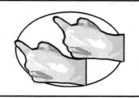

2

3

4    **en**

5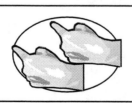

6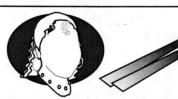

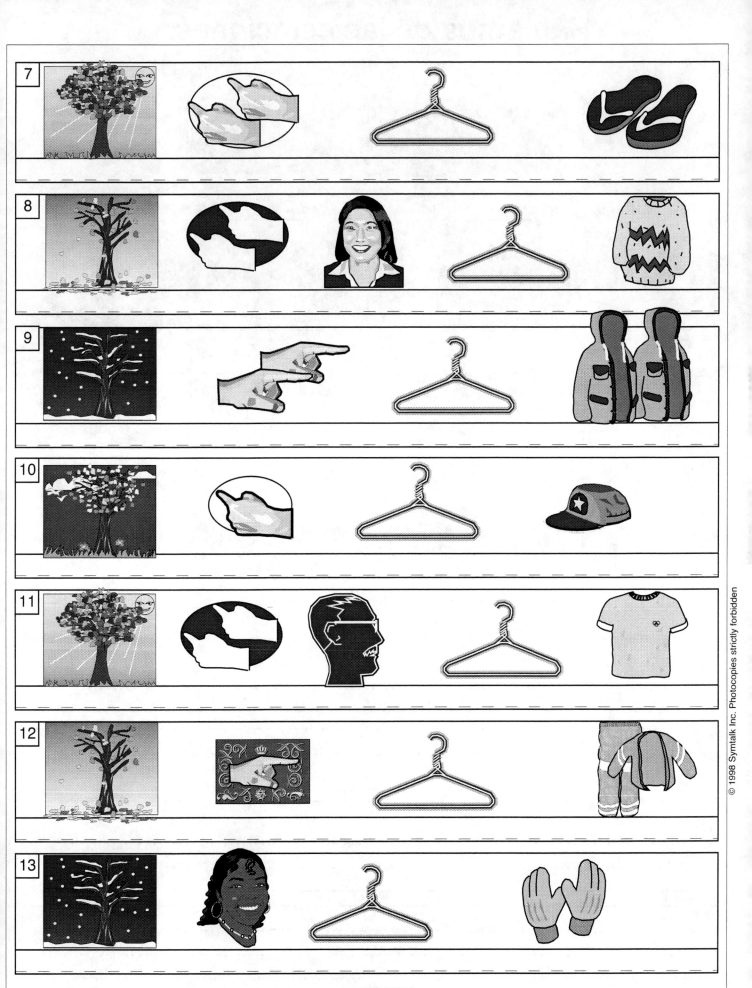

Hablamos de las estaciones.

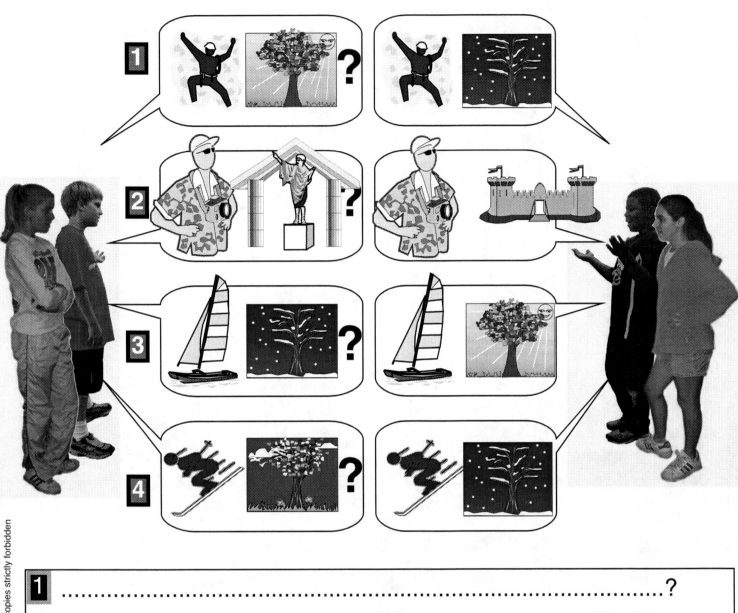

1 ....?
....

2 ....?
....

3 ....?
....

4 ....?

Create sentences

Choose a word from each box to make a sentence.

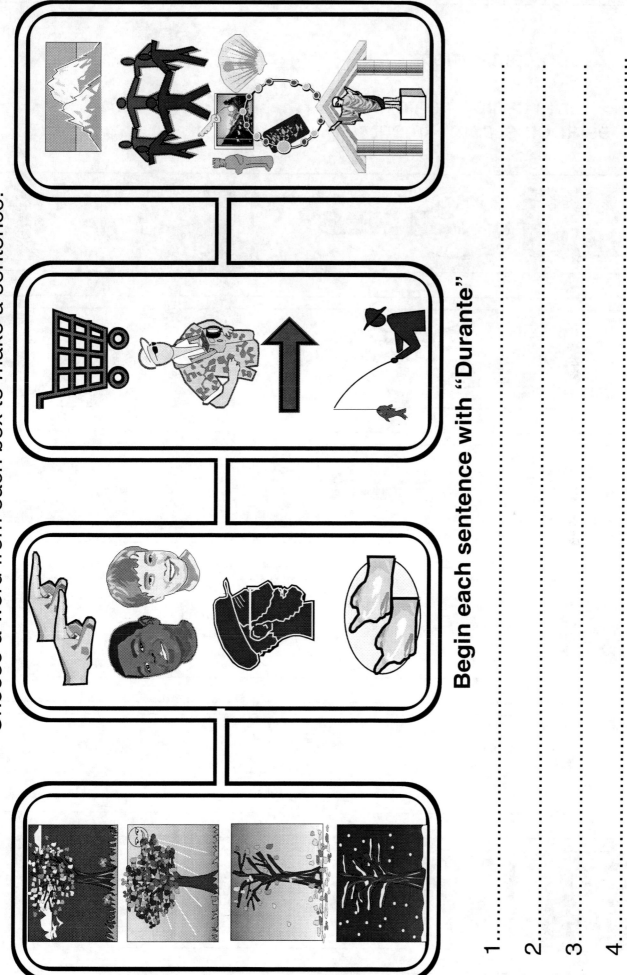

Begin each sentence with "Durante"

1. ....
2. ....
3. ....
4. ....

139

un campamento

ir al campamento
estar en el campamento

1
de

2
de

3
de

4

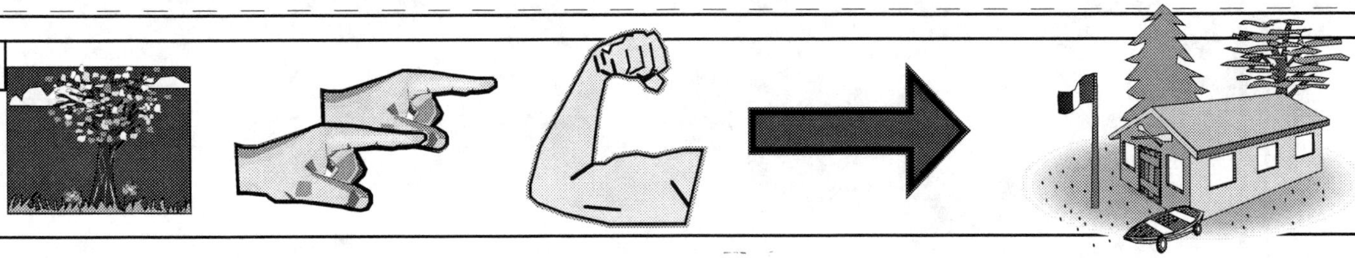

5
de

6

¿Quieres venir?

① Hola Natalia. Soy Cristina.

② Buenas tardes. ¿Qué tal?

③ Bien gracias.¿Quieres venir* conmigo ahora?

④ ¿Adónde vas ?

⑤ Al centro comercial. Quiero comprar un collar.

⑥ De acuerdo. Pero tengo que regresar* a las seis.

⑦ ¿Qué tienes que hacer?

⑧ Tengo que terminar* mi tarea.

⑨ De acuerdo. Vamos ahora.*

① Ellas están en la estación.

② Dos billetes para Madrid, por favor.

③ 2 euros, por favor.

④ ¿A qué hora viene el tren?

⑤ A las tres y cuarto.

① Ellas esperan en el andén

② El tren está retrasado. Son las tres y veinticinco.

③ A mi no me gusta esperar.

④ Tú no eres muy paciente.

*venir:	to come
*regresar	to return
*ahora	now
*terminar	to finish
*la estación:	the station
*el andén	the platform

Contesta las preguntas.

1   ¿Quién llama a Natalia?
....

2   ¿Adónde quiere ir?
....

3   ¿Qué quiere comprar?
....

4   ¿Natalia puede venir?
....

5   ¿A qué hora tiene que regresar Natalia?
....

6   ¿Qué compran en la estación?
....

7   ¿A qué hora debe venir el tren?
....

8   ¿Viene el tren a la hora debida?*....on time ?
....

9   ¿Qué hora es?
....

10 ¿Por qué Natalia no está contenta?
....

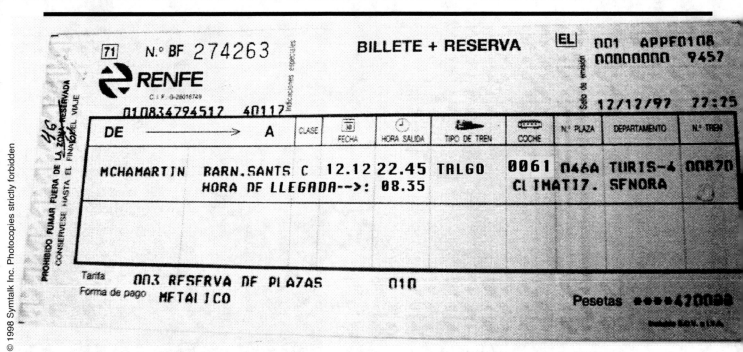

Mira el billete del tren y contesta las preguntas siguientes:

1. ¿A qué hora sale (departs) el tren?
   a. 12:12pm   b. 10:45 pm (22.45)   c. 8:70am

2. ¿De dónde sale el tren?
   a. la estación de Chamartin   b. la estación de Barcelona-Sants   c.Talgo

3. ¿A qué hora llega (arrives) el tren a su destino (destination)?
   a. 12:12pm   b. 8:35am   c. 8:70am

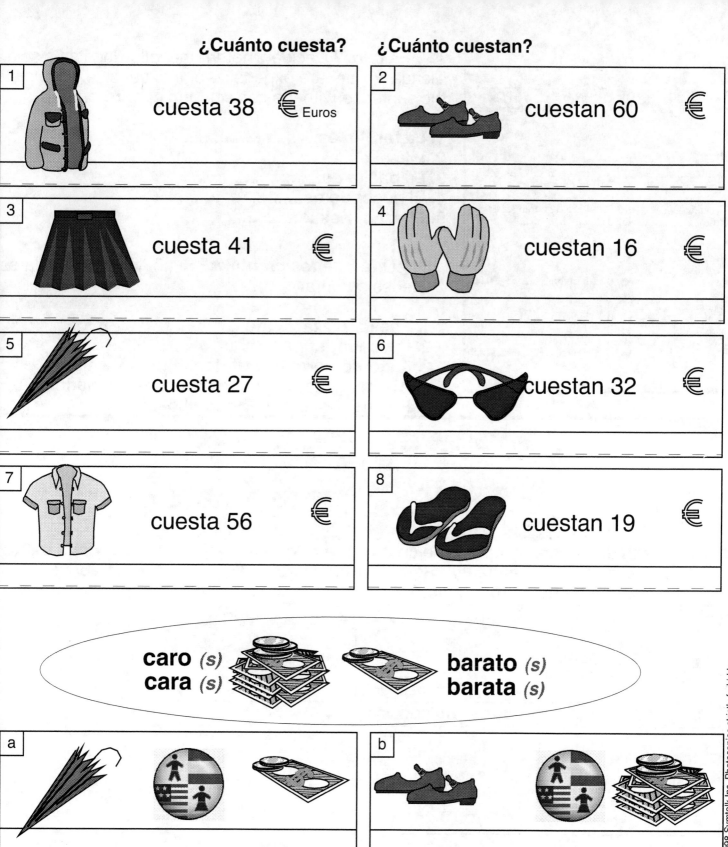

1 cuesta 38 €uros

2 cuestan 60 €

3 cuesta 41 €

4 cuestan 16 €

5 cuesta 27 €

6 cuestan 32 €

7 cuesta 56 €

8 cuestan 19 €

caro *(s)* **cara** *(s)*   **barato** *(s)* **barata** *(s)*

a

b

c

d

143

TIENDA MIGUEL

Patatas	$2.50	Agua	$1.50
Paella	$17.00	Leche	$2.50
Huevos	$1.75	Limonada	$1.25
Pizza	$5.00	Chocolate	$1.75
Pescado	$13.00	Jugo de naranja	$1.55
Pollo	$5.50	Café	$6.50
Tacos (4)	$7.00		
Bocadillo	$13.50	Uvas	$3.00
Tortilla	$15.50	Fresas	$2.50
Sopa	$2.00	Bananas	$0.50
Sal	$1.00		
Azúcar	$1.50	Helado	$2.50
Mantequilla	$3.50	Tarta de manzana	$4.00
Aceite	$8.50	Galletas	$2.25
Harina	$4.50	Churros (2)	$3.50

A. ¿Es caro? Decide whether the following items sold a Tienda Miguel are expensive or inexpensive. Complete the sentence with the correct form of **caro** or **barato**.

1. **La tortilla es**...........................
2. **La sal es**................................
3. **La paella es**...........................
4. **El pescado es**........................
5. **El azúcar es**...........................

B. ¿Qué puedes comprar? Si (if) tienes $20 dólares, puedes comprar ....?

1. **Paella, pizza y café**
2. **Pescado, sopa y uvas**
3. **Jugo de naranja, patatas, harina y sal**
4. **Aceite, galletas, leche, bananas y helado**
5. **Fresas, pollo y un bocadillo**

> ### más + caro/a/os/as + que
> more expensive
>
> ### más + barato/a/os/as + que
> cheaper

For each sentence, compare the cost of the first item to that of the second using comparisons of inequality. Refer to the "Tienda Miguel" price list above to determine the cost of the items. The first sentence has been completed for you.

1. La paella es más cara que el helado.

2.

3.

4.

5.

6.

144

Venir

vengo   venimos
vienes   venís
viene   vienen

Regresar

regreso   regresamos
regresas   regresáis
regresa   regresan

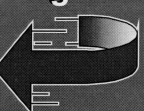

1

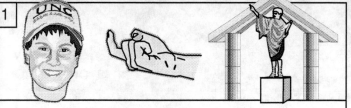

2

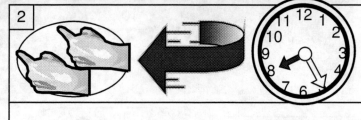

3

4

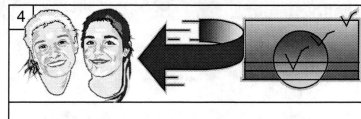

5

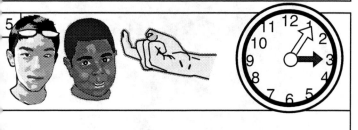

6

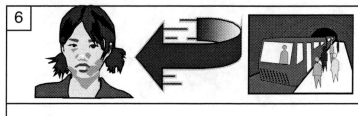

7

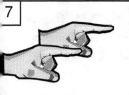

8

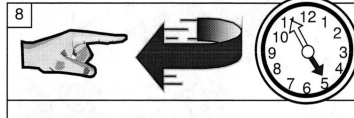

9

10

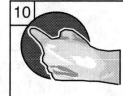

11

12

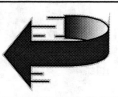

Van de compras.

Subimos* al tren.

18

Sí. Quiero buscar un compartimiento vacío.

1 ¡Qué bueno! Estamos solas*.

2 Sí. Tenemos un compartimiento vacío.

NE PAS DE PENCH

4 Está cómodo*.

3 Podemos hablar y divertirnos.

Ellas llegan* al centro comercial.

1 ¿Quieres comprar algo?

2 Sí, busco unos zapatos de tenis.

3 ¿Tienes dinero?

4 Sí. Tengo sesenta y cinco euros.

Aquí hay una tienda de zapatos.

Sí. Hay muchos zapatos aquí.

¡Mira! Veo un collar bonito.

subimos...let's get on
solas........alone
comodo....comfortable
llegan.......arrive
este..........this

1 Sí, son bonitos.

2 A mí me gusta este* collar.

3 ¿Cuánto cuesta?

4 Cuesta diecisiete euros.

buscar

busco **buscamos**
buscas **buscáis**
busca **buscan**

esperar

espero **esperamos**
esperas **esperáis**
espera **esperan**

1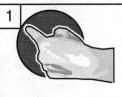

2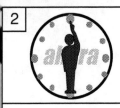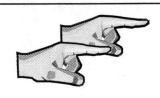

3    **porque**

4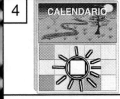

5    **y**  **para**

6 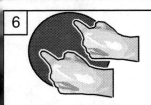   **de**

Check the appropriate sentences for each scene (refer to page 146).

More than one answer applies.

1 ☐ El tren está retrasado.
2 ☐ Ellas esperan el autobús.
3 ☐ Natalia está contenta.
4 ☐ Ellas tienen dos billetes.
5 ☐ Ellas van a Madrid.
6 ☐ Ellas están en el andén.
7 ☐ A Natalia no le gusta esperar.
8 ☐ Ellas esperan el taxi.
9 ☐ Ellas suben al tren.

1 ☐ Ellas van a casa.
2 ☐ Ellas suben al tren.
3 ☐ El tren está retrasado.
4 ☐ Ellas quieren un compartimiento vacío.
5 ☐ Ellas están en el centro comercial.
6 ☐ Ellas van al centro comercial.
7 ☐ Ellas quieren quedarse en la estación.

1 ☐ Ellas están en el compartimiento.
2 ☐ Ellas están en el tren.
3 ☐ El compartimento no está cómodo.
4 ☐ Ellas pueden hablar.
5 ☐ Hay otras personas en el compartimiento.
6 ☐ Ellas están solas.
7 ☐ Ellas están en casa.

1   ¿Dónde están ?
....
2.   ¿Quién quiere comprar zapatos de tenis?
....
3   ¿Qué busca Cristina?
....
4   ¿Cuánto cuesta el collar?
....
5   ¿Cuánto dinero tiene Natalia?
....

Tener que + infinitive

Decir

to say, to tell

yo **digo**	nosotros **decimos**
tú **dices**	vosotros **decís**
él **dice**	ustedes **dicen**
ella **dice**	ellos **dicen**
usted **dice**	ellas **dicen**

1

 que  →  perc

2

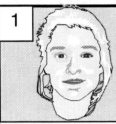 que  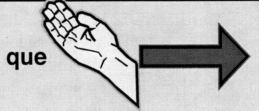  porque

3

  que

4

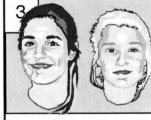  que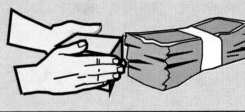

5

  que

150

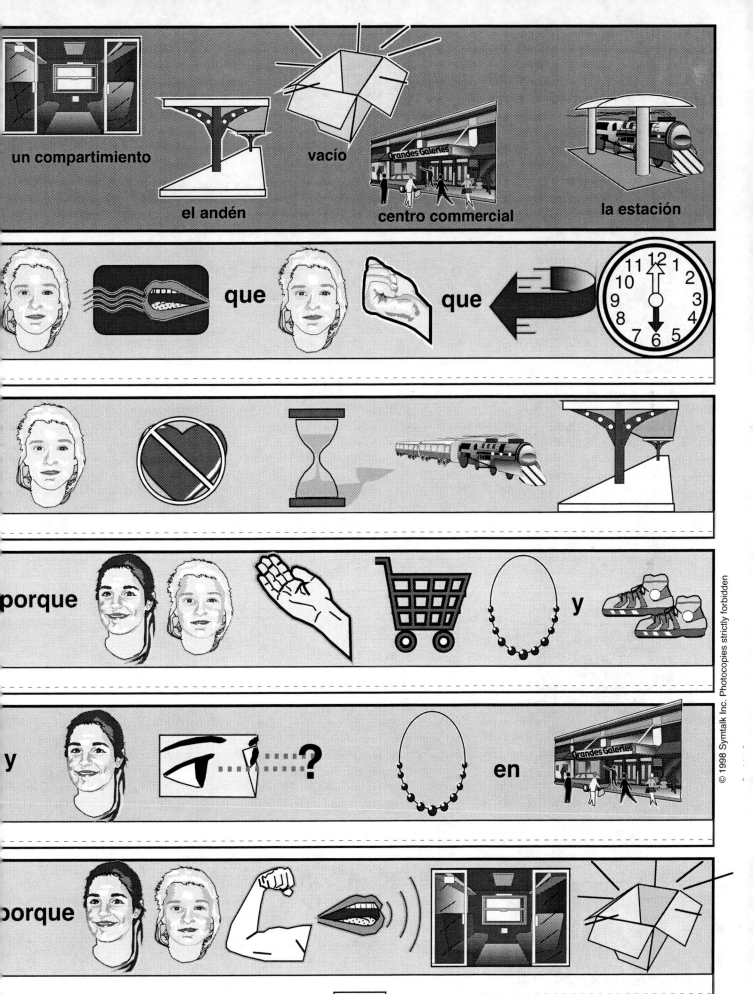

un compartimiento

el andén

vacío

centro commercial

la estación

que

que

porque

y

y

en

porque

Imagine that you are Natalia's mother. Remind Natalia and Cristina what to do on their train ride by using the *Uds.* command form. Write your answer on the line. Follow the model below:

Modelo : Llevar su dinero

<u>Natalia y Cristina, lleven su dinero.</u>

1. Comprar el billete del tren

....

2. Llegar a tiempo (on time) a la estación

....

3. Subir al tren

....

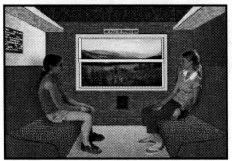

4. Buscar un compartimiento vacío

....

¿Qué comes?

La Guía Pirámide de Alimentos

Una Guía Para la Selección
Diaria de Alimentos

Grasas, Aceites y Dulces
USELOS CON MODERACION

Grupo de Leche,
Yogurt y Queso
2-3 PORCIONES

Grupo de Carne, Aves,
Pescado, Frijoles Secos,
Huevos y Nueces
2-3 PORCIONES

Grupo de
Verduras
3-5 PORCIONES

Grupo de Frutas
2-4 PORCIONES

Grupo de Pan,
Cereal, Arroz
y Pasta
**6-11
PORCIONES**

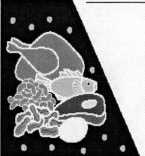

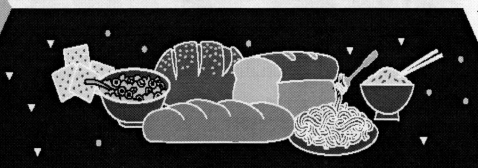

el desayuno   el almuerzo   la merienda   la cena

una tortilla de patatas   un yogur   cereal   una ensalada mixta   los espaguetis

un bocadillo de jamón y queso   el pan   una tostada   la sopa

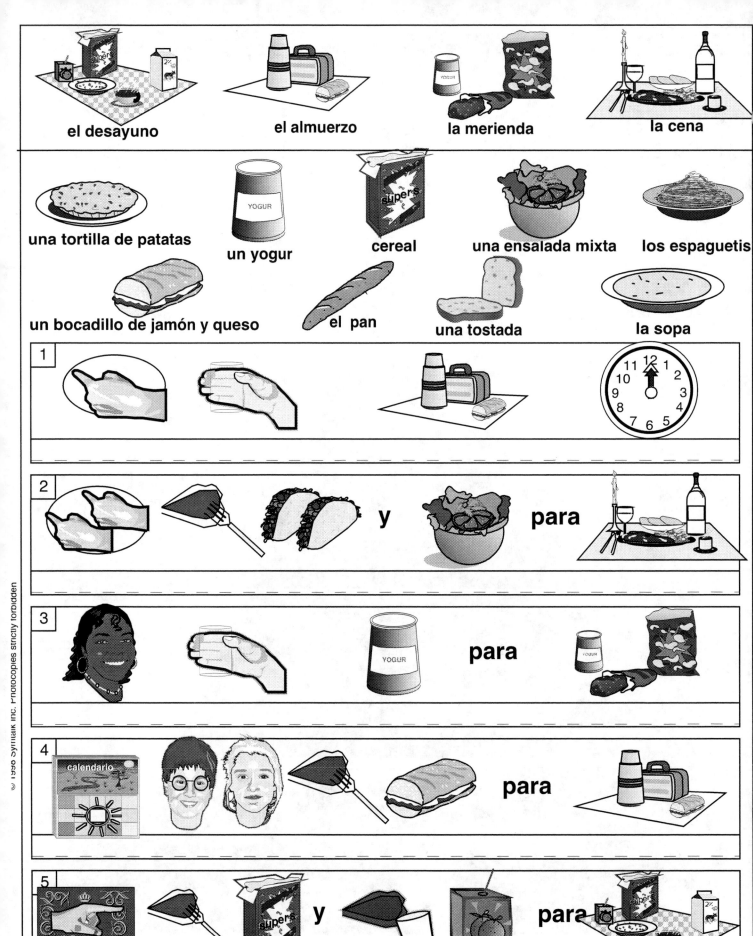

1

2   y   para

3   para

4   para

5   y   para

para
for / in order to

¿Qué debes comer?

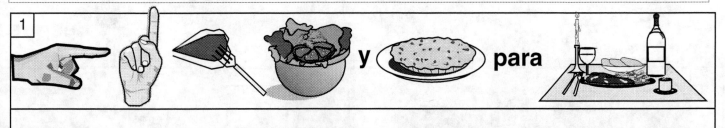
1 ... **y** ... **para** ...

2 ... **para** ...

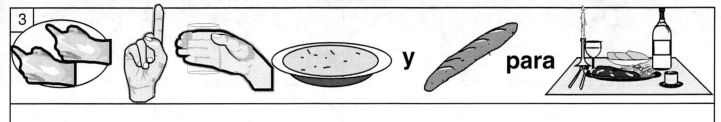
3 ... **y** ... **para** ...

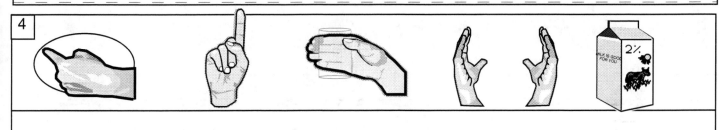
4 ...

5 ... **para** ...

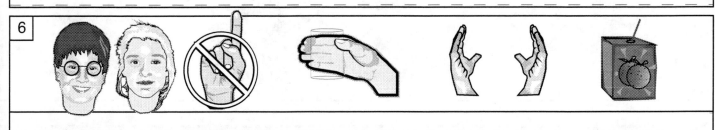
6 ...

7 ... **para** ...

155

 antes  ahora  después

1

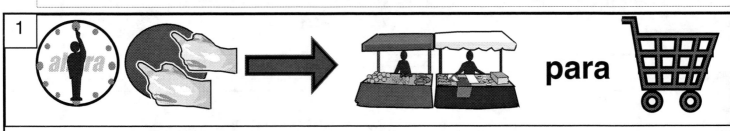 para

2

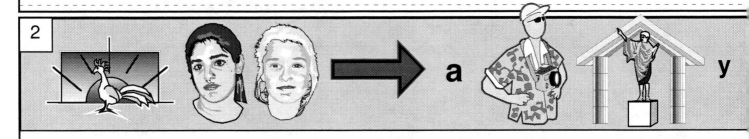 a o y

3

Si  ahora

4

Si

5

Si

6

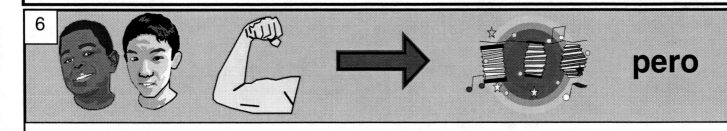 pero

si
if

 harina

 huevos

---

 y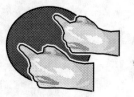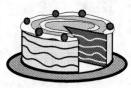

   a

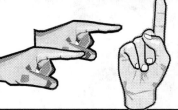    

 para   y

   de

  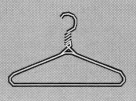 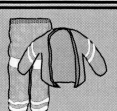 y

En la cocina

to need

necesitar

necesito   **necesitamos**
necesitas   necesitáis
necesita   **necesitan**

Churros originated in Spain many years ago. Their popularity spread to Mexico and Argentina and are enjoyed today throughout Spanish-speaking countries. After the *churro* dough is made, it is pushed through a star-shaped tube, cut into varying sizes and deep-fried. Then the *churros* are sprinkled with sugar. *Churros* come in circular shapes (see photo) or as sticks.

Ingredientes

1/2 Taza de agua
1/2 Taza de leche
1 Taza de harina
1 Huevo
Aceite (para freir)*   *Oil (for frying)
2 cucharadas de sal
Azúcar

HABLAMOS.

A. Read over the list of ingredients for making churros. *¿Qué ingredientes necesitas para hacer churros?* Sentences should follow the model:

> *Necesito <u>agua</u> para hacer churros.*

B. Name other foods that contain some of the same ingredients as *churros*? ....
....
....

C. When we write a recipe, we usually explain how much of the ingredient is needed. What words in the churro recipe indicate measurement? ....
....

D. *¿Cuánto necesitas?* To ask "how much" of something you need, we would say "*¿cuánto/a/os/as?*" For example, *¿Cuántas tazas de leche necesitas para hacer churros?* Using the ingredient list on page 158, ask your partner how much of each ingredient he or she needs to make *churros*.

E. Many people eat *churros* for breakfast. Do you have a favorite breakfast food? *Haz (make) una lista de los ingredientes que necesitas para hacer tu plato favorito.* Share your list with a classmate.

Lista de ingredientes

....
....
....
....
....

¿Qué necesitas?

1   y   para

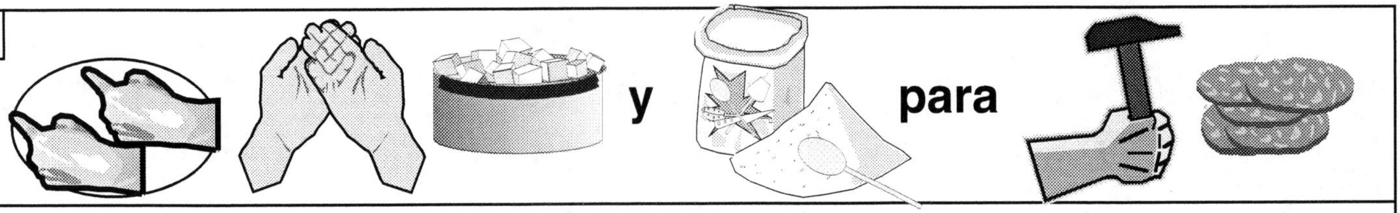

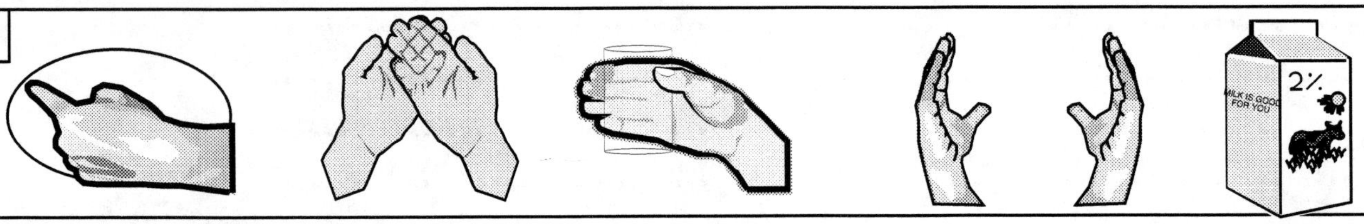

2   y   para

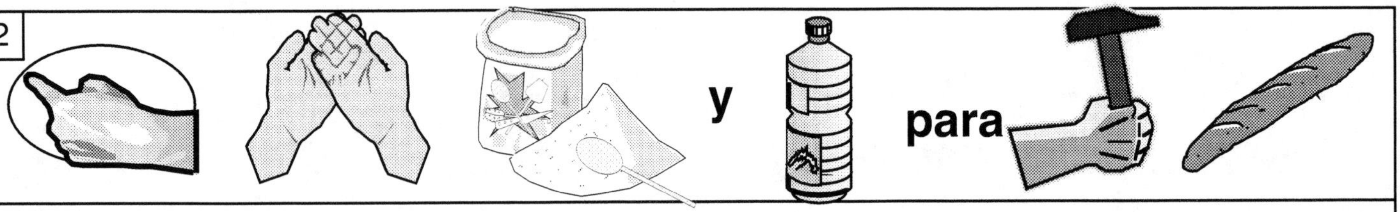

3   y   para

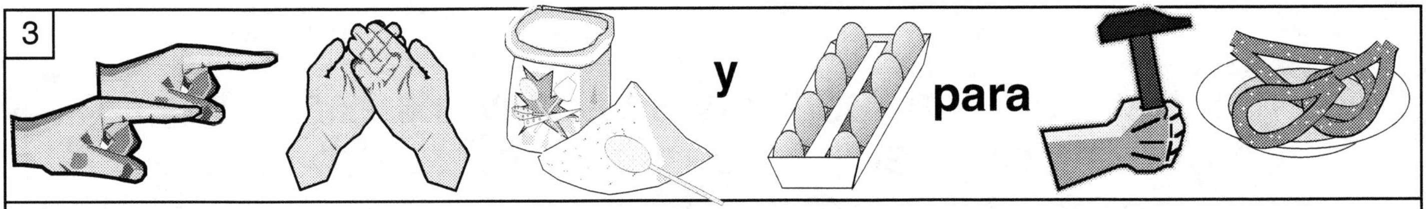

4   para

5 ¿ Qué   para   ?

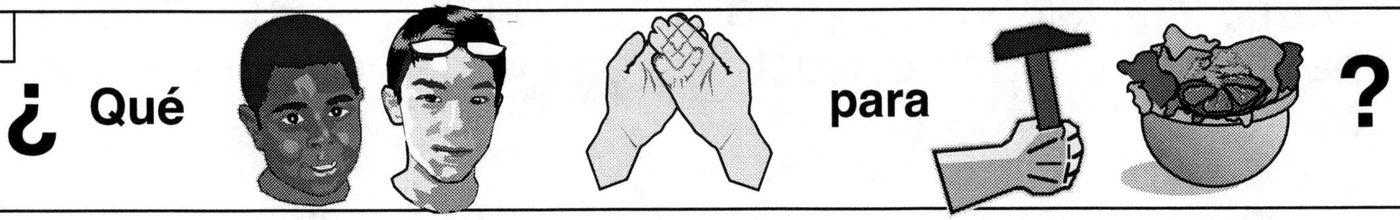

6   porque

7

160

Es importante no saltarse* el desayuno.

A veces, no tenemos tiempo tomar el desayuno, o queremos dormir más. Pero no es buena idea saltarse el desayuno. La primera comida del día marca la diferencia entre estar alerta o cansado. La falta de desayuno en los niños afecta la habilidad para recordar*, la atención, y la energía para hacer ejercicio.

Para evitar tales problemas*, un buen desayuno debe incluir alimentos ricos en fibre, como el pan integral*, los cereales y frutas o jugos de fruta con cáscara*. Asimismo*, para completar el desayuno ideal, es bueno incluir una porción de proteína que puede provenir de*: huevos revueltos o cocidos*, una rebanada* de jamón, productos lácteos como el yogur, el queso o la leche, nueces y almendras*.

saltarse = to skip
recordar = to remember
para evitar tales problemas=
                to avoid such problems
integral = whole wheat
cáscara = pulp
asimismo = likewise
puede provenir de = can come from
revueltos o cocidos = scrambled or boiled
una rebananda = slice
nueces y almendras = walnuts and almonds

A. ¿Qué quiere decir...? Oftentimes, you will notice words in Spanish that are similar to English words. These are called **cognates**. Usually, these words have the same meaning. One example of a cognate found in the above reading is the word "diferencia". Can you guess what it means in English? There are other cognates in this reading. Underline them & guess their meanings.

B. Contesta las preguntas.

1   ¿Es buena idea saltarse el desayuno?

....

2   ¿Cómo afecta la falta de desayuno en los niños?

....

3   ¿Qué debe incluir un buen desayuno?

....

4   ¿De qué grupo de alimentos proviene el jamón?

....

Lección 26

la zapatería
shoe store

la juguetería
toy store

la joyería
jewelry store

la panadería
bakery

la frutería
fruit & vegetable market

la carnicería
butcher shop

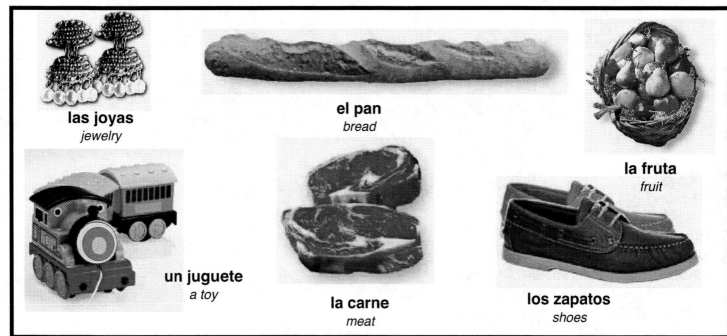

las joyas
jewelry

el pan
bread

la fruta
fruit

un juguete
a toy

la carne
meat

los zapatos
shoes

Si Ud. quiere comprar .....

Si Ud. quiere comprar joyas, vaya a <u>la joyería</u>.

1. Si Ud. quiere comprar pan, vaya a _____.

2. Si Ud. quiere comprar carne, vaya a _____.

3. Si Ud. quiere comprar zapatos, vaya a _____.

4. Si Ud. quiere comprar un juguete, vaya a _____.

5. Si Ud. quiere comprar fruta, vaya a _____.

En la tienda

A. Lee el diálogo.

Cliente:	Perdón, ¿señor?
Vendedor:	Sí, ¿cómo le puedo ayudar?
Cliente:	Quiero saber cuánto cuestan las uvas *.
Vendedor:	Cuestan tres euros por kilo.
Cliente:	Vale *. Quisiera un kilo, por favor. Tengo que comprar dos kilos de bananas también.
Vendedor:	Muy bien. ¿Qué más?
Cliente:	Necesito dos kilos de manzanas y debo comprar medio kilo de cerezas *.
Vendedor:	De acuerdo, ¿algo más?
Cliente:	No, gracias.
Vendedor:	Son siete euros.
Cliente:	Aquí tiene Ud. el dinero. Gracias.
Vendedor:	Gracias a Ud.

uvas = grapes
vale = okay
cerezas = cherries

B. Underline the verbs in the dialogue that the buyer uses to request the items that he wants to buy.

C. Can you guess in which type of store this scene takes place?

D. Creative Writing. With a classmate, write a dialogue between a shopkeeper and a shopper. Before you begin writing: 1) Decide the type of store where the scene occurs; 2) Brainstorm questions and answers for the two speakers. When you have finished, read your dialogue aloud to the rest of the class. Can the class guess in which type of store the dialogue occurs?

Interpret the scenes.

164

Habla el vendedor

A. Fill in the <u>command</u> forms for the following verbs:

	Ud.	Uds.
hacer	haga	hagan
venir	venga	_____
ser	sea	_____
buscar	busque	_____
regresar	_____	_____
esperar	_____	_____
decir	_____	_____
visitar	_____	_____
comprar	_____	_____

B. *En la tienda*. The shop owner is advising a shopper on what to buy. Fill in the blanks with the Ud. command form of the verb in parenthesis. Follow the model:

<u>Compre</u> (*comprar*) Ud. las manzanas, son muy buenas.

1. _____ (*comprar*) Ud. las uvas, no son caras.

2. _____ (*decir*) Ud. lo que quiere comprar.

3. No tengo bananas hoy. _____ (*regresar*) Ud. el martes.

4. _____ (*Esperar*) Ud. aquí. Yo busco las joyas que Ud. quiere comprar.

5. No tenemos zapatos de niño. _____ (*buscar*) Ud. en otra zapatería.

trabajar

trabajo trabajamos
trabajas trabajáis
trabaja trabajan

también
also

SOLO
SOLA

1

que

2

     y

3

     pero

4

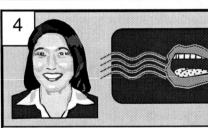  que

5

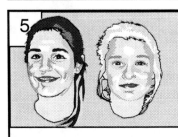  que

© 1998 Symtalk Inc. Photocopies strictly forbidden

166

tarea

ruido

videojuego

las cartas

 en

de   también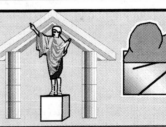

pero   que

pero  que

El trabajo y el arte

Diego M. Rivera, *Detroit Industry, North Wall* (detail), 1932-1933. Gift of Edsel B. Ford. Photograph © 2001 The Detroit Institute of Arts.

Diego Rivera (1886-1957) was a Mexican painter. He painted many scenes of Mexican landscape. He also created murals, such as the mural above, entitled *Detroit Industry*. The mural shows workers in the age of science and machines. This mural is located at the Detroit Institute of Art in Detroit, Michigan.

A. Look at the painting and read the description above. Choose the best answer for each sentence.

    1. El cuadro (painting) está en _____.
     a. México   b. Detroit Institute of Art   c. la casa de Diego Rivera

    2. Hay (there are) muchos _____ en el cuadro.
     a. mujeres b. niños   c. hombres

    3. Los hombres trabajan en _____.
     a. una fábrica (factory)   b. una casa c. una escuela

B. Based on the painting and the description, decide if each sentence below is *cierto* or *falso*.
    1. Ellos comen mucho.

    2. Ellos compran algo en un centro commercial.

    3. Ellos trabajan mucho.

    4. Ellos juegan a un videojuego.

    5. Ellos toman el tren.

    6. Ellos hacen coches.

    7. Ellos trabajan con Diego Rivera.

    8. Ellos trabajan en una fábrica.

    9. Diego Rivera trabaja en una fábrica.

    10. Ellos están en casa.

Symbol Dictionary

by Lesson

page 1 Lesson 1(book 2)

yo
I

él / José
he

el niño
the boy

tú
you (fam.)

ella/ Cristina
she

la niña
the girl

page 1 Lesson 1(new)

nosotros/as
we

ellos
they (masculine)

usted
you (formal)

ellas
they (feminine)

ustedes
you (plural)
vosotros/as
you (fam.)

ellos
they

page 2 Lesson 1(book 2)

jugar
to play

fútbol
soccer

con
with

a/ en la casa
home

por la tarde
afternoon

a / en la escuela
school

page 3 Lesson 1(book 2)

por la noche
at night

por la mañana
in the morning

tenis
tennis

al / en el parque
to / in the park

baloncesto
basketball

page 4 Lesson 2 (book 2)

mirar
to look

pages 4 to 7 Lesson 2(book 2)

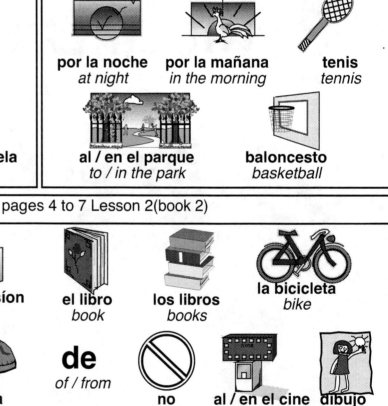

la película
the movie

la televisíon
TV

el libro
book

los libros
books

la bicicleta
bike

los lápices
pencils

la gorra
baseball hat

de
of / from

no
no

al / en el cine
movie theater

dibujo
drawing

page 8 Lesson 3 (book 2)

gustar
to like

pages 8 to 12 Lesson 3(book 2)

la pelota
ball

el sombrero
hat

la mochila
backpack

las gafas de sol
sunglasses

los zapatos
shoes

la chaqueta
jacket

las papas fritas
fries

page 10 Lesson 3(book 2)

la paella
paella

el taco
taco

las galletas
cookies

las bananas
bananas

la tostada
toast

170

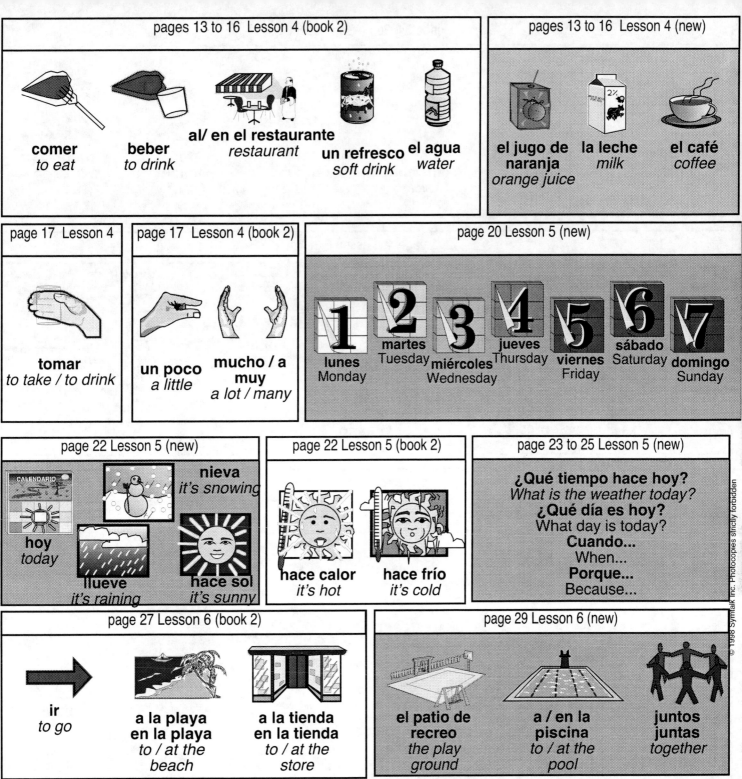

pages 13 to 16 Lesson 4 (book 2)

comer
to eat

beber
to drink

al/ en el restaurante
restaurant

un refresco
soft drink

el agua
water

pages 13 to 16 Lesson 4 (new)

el jugo de naranja
orange juice

la leche
milk

el café
coffee

page 17 Lesson 4

tomar
to take / to drink

page 17 Lesson 4 (book 2)

un poco
a little

mucho / a muy
a lot / many

page 20 Lesson 5 (new)

lunes Monday
martes Tuesday
miércoles Wednesday
jueves Thursday
viernes Friday
sábado Saturday
domingo Sunday

page 22 Lesson 5 (new)

hoy
today

nieva
it's snowing

llueve
it's raining

hace sol
it's sunny

page 22 Lesson 5 (book 2)

hace calor
it's hot

hace frío
it's cold

page 23 to 25 Lesson 5 (new)

¿Qué tiempo hace hoy?
What is the weather today?
¿Qué día es hoy?
What day is today?
Cuando...
When...
Porque...
Because...

page 27 Lesson 6 (book 2)

ir
to go

a la playa en la playa
to / at the beach

a la tienda en la tienda
to / at the store

page 29 Lesson 6 (new)

el patio de recreo
the play ground

a / en la piscina
to / at the pool

juntos juntas
together

pages 31, 32 Lesson 6 (book 2)

en coche
by car

el helado
ice cream

en autobús
by bus

page 32 Lesson 6 (new)

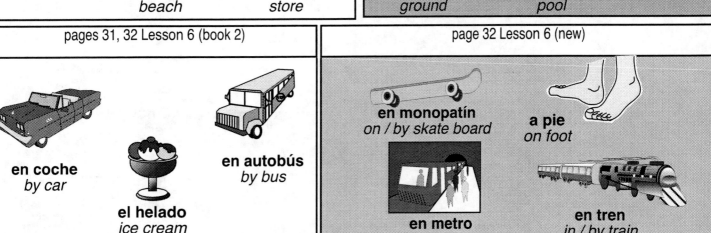

en monopatín
on / by skate board

a pie
on foot

en metro
in / by subway

en tren
in / by train

estar
to be

 **cansado
cansada**
tired

 **enfermo
enferma**
sick

 **retrasado
retrasada**
late

 **feliz
felices**
happy

 **triste
tristes**
sad

---

page 40 Lesson 8 (new)

 **la sala de estar**
living room

 **la cocina**
kitchen

 el baño
bathroom

el baño
bathroom

 **el comedor**
dining room

 **el dormitorio**
bedroom

 el garaje
garage

el jardín
garden

---

page 43 Lesson 8 (new)

En la casa y en el jardín

 la lámpara
the lamp

 **las tazas**
the lamp

 los juguetes
the toys

 la computadora
computer

 **las ollas**
pans

 la pintura
paint

 el frigorífico
refrigerator

 la cubertería
silverware

 **los platos**
plates

 **las herramientas**
tools

 las flores
flowers

 el horno
oven

 **la mesa**
table

 **la alfombra**
rug

 la cómoda
chest of drawers

 la pasta dentrífica
toothpaste

 el árbol
tree

 el sillón
armchair

 **la cama**
bed

 **la cabaña**
tree house

 el jabón
soap

 **los esquís**
skis

 las toallas
towels

 la silla
chair

tener
to have

tener hambre
to be hungry

tener sed
to be thirsty

tener frío
to be cold

tener calor
to be hot

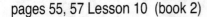
música

español

la lección

inglés

a / en la clase
in the classroom

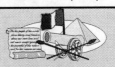
historia
history

arte
art

matemáticas
mathematics

geografía
geography

educación física
gym class

hablar
to speak

estudiar
to study

escuchar
to listen

los profesores
the teachers

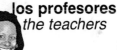

la profesora
the teacher
(feminine)

el profesor
the teacher
(masculine)

relajarse
to relax

divertirse
to have fun

deber
must

poder
can / to be able to

aprender
to learn

entender
to understand

escribir
to write

el piano
piano

leer
to read

nadar
to swim

dibujar
to draw

cocinar
to cook

conducir
to drive

la guitarra
guitar

bailar
to dance

tocar
to play

la flauta
flute

173

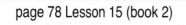

page 78 Lesson 15 (book 2)

saber
to know

querer
to want

page 80 - 81 Lesson 15 (book 2)

el dinero
money

los billetes
tickets

page 84 Lesson 16 (book 2)

escribir
to write

leer
to read

page 85 Lesson 16 (new)

una revista
magazine

una carta
letter

un tebeo
comic book

una frase
sentence

una nota
note

page 85 (book 2)

un libro
book

page 91 Lesson 17 (new)

 a la una
 a las dos
 a las tres
 a las cuatro
 a las cinco
 a las seis

 a las siete
 a las ocho
 a las nueve
 a las diez
 a las once
 a las doce

page 95 Lesson 18 (book 2)

tomar
to take

llevar
to bring

page 99 Lesson 19 (new)

unos pantalones cortos
shorts

una camiseta
t-shirt

un traje de baño
bathing suit

unas sandalias
sandals

unos guantes
gloves

un suéter
sweater

unos zapatos de tenis
tennis shoes

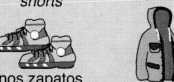
un impermeable
rain coat

un sombrero
hat

un gorro
cap

un paraguas
umbrella

una bufanda
scarf

unas botas
boots

un traje atlético
sweatsuit

una falda
skirt

un vestido
dress

una camisa
shirt

unos pantalones
pants

174

page 99 Lesson 19 (book 2)	page 107 Lesson 20 (book 2)

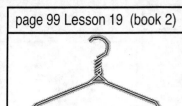

llevar
to bring

mi
mis
my

tu
tus
your

su
sus
his

su
sus
her

page 109 Lesson 20 (new)	page 110 Lesson 20 (new)

nuestro / nuestros
nuestra / nuestras

su
sus
your

su
sus
their

su
sus
their

page 113 Lesson 21 (new)

los abuelos
grandparents

los padres
parents

el abuelo
grandfather

la abuela
grandmother

el padre
father

la madre
mother

el tío
uncle

la tía
aunt

los hermanos
brothers and sisters

los hijos
children

los primos
cousins

el hermano
brother

la hermana
sister

el hijo
son

la hija
daughter

el primo
cousin

la prima
cousin

page 115 Lesson 22 (book2)

ser
to be

page 116 Lesson 20

¿Quién?
Who?

page 120 Lesson 22 (book 2)

España
Spain

Los Estados Unidos
USA

Centroamérica
Central America

bajo / baja
small

Suramérica
South America

alto / alta
tall

page 120 Lesson 22 (new)

paciente
patient

tímido / tímida
shy

de vacaciones
on vacation

visitar
to visit

un barco
boat

pescar
to fish

**hacer
un castillo de arena**
to make a sand castle

el mercado
the market

hacer una fiesta
to have a party

hacer un picnic
to have a picnic

hacer una tarta
to make a cake

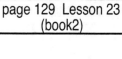

hacer
to make/ to do

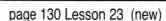

escalar
to climb

esquiar
to ski

comprar
to buy

navegar
to sail

preferir
to prefer

recuerdos
souvenirs

el museo
museum

el castillo
castle

la montaña
mountain

el mapa
map

la primavera
spring

el verano
summer

el otoño
fall

el invierno
winter

un campamento
a camp

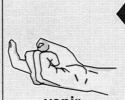

caro / a
expensive

barato / a
cheap

¿Cuánto cuesta(n)?
How much does it (do they) cost?

venir
to come

regresar
to return

buscar
to look for

esperar
to wait

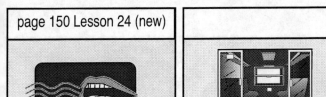

page 150 Lesson 24 (new)

decir que
to say

page 151 Lesson 24 (new)

un compartimiento
compartment

el andén
platform

vacío
empty

centro commercial
mall

la estación
station

page 154 Lesson 25 (new)

el desayuno
breakfast

el almuerzo
lunch

la merienda
snack

la cena
dinner

una tortilla de patatas
potato omelette

un yogur
yogurt

cereal
cereal

una ensalada mixta
mixed salad

los espaguetis
spaghetti

un bocadillo de jamón y queso
a ham and cheese sandwich

el pan
bread

una tostada
toast

la sopa
soup

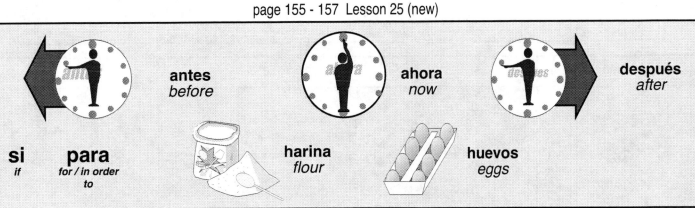

page 155 - 157 Lesson 25 (new)

antes
before

ahora
now

después
after

si
if

para
for / in order to

harina
flour

huevos
eggs

page 158 Lesson 25 (new)

necesitar
to need

los churros
churros

el azúcar
sugar

el aceite
oil

© 1998 Symtalk Inc. Photocopies strictly forbidden

177

la carnicería
butcher shop

la frutería
fruit & vegetable market

la juguetería
toy store

la panadería
bakery

la joyería
jewelry store

la zapatería
shoe store

las joyas
jewelry

el juguete
toy

el pan
bread

la fruta
fruit

la carne
meat

los zapatos
shoes

trabajar
to work

también
also

SOLO
SOLA

tarea
homework

ruido
noise

videojuego
video game

las cartas
cards

INDEX